L'ALGÉRIE

SOUVENIRS MILITAIRES

PAR

Le colonel Henri FABRE-MASSIAS

Deuxième Édition

PARIS

E. PLON et Cie, IMPRIMEURS-ÉDITEURS

RUE GARANCIÈRE, 10

1876

Tous droits réservés

A Monsieur GARBÉ

Rédacteur en chef du Centre africain[1]

14 août 1856.

Monsieur et Ami,

Vous n'avez probablement jamais rencontré un petit livre imprimé en 1734, et intitulé : *Mémoires des deux dernières campagnes de M. de Turenne.* Cela n'a point de nom d'auteur ; par conséquent, point de prétention personnelle. Je l'ai lu avec un plaisir extrême : on sent que l'écrivain n'a cherché, comme il le dit dans sa préface, « qu'à

---

[1] Les *Souvenirs militaires* de M. Henri Fabre ont paru d'abord par parties successives dans le *Centre africain*, précédés de cette lettre qui tient lieu d'introduction.

(*Note de l'éditeur.*)

dire la vérité avec beaucoup de simplicité », mais qu'il a vu ce qu'il raconte et que la *vérité* vit dans son souvenir. Je voudrais avoir des mémoires de ce genre sur toutes les parties de l'histoire militaire, et je lirais volontiers, après les commentaires ou les campagnes d'Italie, les souvenirs de quelque lieutenant obscur de César ou de Napoléon, qui pourrait, sans réticence et sans modestie, tout dire de son général.

J'ai voulu faire comme le narrateur anonyme des dernières années de Turenne. Témoin d'une évolution décisive du système français en Algérie, j'ai prétendu dire, sur une époque digne de l'intérêt d'un soldat et d'un bon citoyen, « la vérité avec simplicité ». La mode n'est plus de taire son nom ; mais je désire que le mien soit seulement un gage de ma sincérité : mes souvenirs, d'ailleurs, n'auront rien de personnel : tous mes camarades ont vu, comme moi, ce que je raconte, et beaucoup l'auraient mieux raconté ; mais, pour beaucoup sans doute, l'impression s'en efface déjà, et ils allaient oublier.

Ce qui peut donner encore quelque intérêt à ce

DÉDICACE.

travail, c'est que les lecteurs y rencontreront la plupart des illustrations de notre armée actuelle : c'est en 1840 que beaucoup de vaillants soldats ont commencé à faire connaître au monde leurs noms déjà aimés, admirés de leurs camarades.

Je vous prie d'agréer mes sentiments de cordiale et affectueuse estime.

Henri Fabre,
Chef d'escadron d'artillerie.

L'ALGÉRIE

EN 1840-1848

CHAPITRE PREMIER

ALGER. — DÉPART POUR COLÉA.

Alger. — Coléa. — Le maréchal Clauzel.

Le 22 septembre 1839, je m'embarquai à Toulon; j'étais nommé lieutenant en 1er à la 5e batterie du 10e d'artillerie. Le 25 au matin, j'abordai à Alger. Dès la même matinée, je fus présenté à la pension de l'artillerie, à la Marine, où je trouvai Bosquet, Rivet, Lebœuf, les Pirain, les capitaines Bonamy, Ponbriant, etc. Ma section était à Coléa. Je ne la joignis pas sur-le-champ afin de laisser à Bosquet, que je venais remplacer, le soin de la présenter à l'inspecteur général, le général Ocher de Beaupré. Je passai huit jours à Alger, logé à la Casbah, dans les appartements de la fille du Dey. Ma fenêtre ouvrait sur le rempart du Sud-Est, et la terrasse qui couvrait ma chambre dominait toute la ville. Ces premiers jours, et surtout ces premières nuits, me causèrent une impression profonde. C'était l'été encore, l'été d'Afrique avec ses splendides clairs de lune, si charmants après de brûlantes journées. Chaque soir nous causions, Bosquet et moi, assis sur la haute terrasse et enveloppés dans nos manteaux; à nos pieds, les blancs étages des maisons d'Alger descendaient en s'élargissant jusqu'à la mer, dont l'immense et tranquille nappe semblait ensuite monter d'un seul plan jusqu'à l'horizon. Entre la terre et la mer, la vive lumière du phare criait, comme une dissonance, au milieu de la calme harmonie de ce spectacle.

Bosquet, dès lors, était un vieil Africain dont les souvenirs, les pensées, les ambitions composaient un livre tout nouveau pour moi, dans lequel je lisais avec un charme étrange. Il possède d'ailleurs, comme tous ses compatriotes du Béarn, le talent de conter; et puis nous avions vécu, depuis six ans que nous nous étions séparés au sortir de l'école de Metz, d'existences tout à fait différentes. Ses histoires étaient toutes de marches, de combats, de souffrances. Entre toutes, quelques épisodes restaient en saillie : c'étaient la Sickah, Boudouaou, quelques autres qui n'ont même pas de nom. Il avait de la joie à dire un trait de vigueur, à citer le nom de ses chefs ou de ses amis : c'étaient les généraux Bugeaud, Damremont, les colonels Combes, Lamoricière, qui paraissaient dans tous ses récits.

Et moi, je n'avais rien à lui dire et personne à lui nommer. J'avais été, jusque-là, moins soldat qu'homme du monde; tandis que je trouvais dans cet ami, ce compagnon d'autrefois, un soldat fier de l'être, chez qui l'amour et l'exercice du métier avaient grandi l'intelligence et le cœur.

L'aspect même de la ville m'intéressait au plus haut point : je passais le jour dans le quartier de la marine, et j'y voyais naître une ville européenne au milieu des ruines de mille maisons arabes : les rues en étaient tracées, les voitures les parcouraient, le commerce européen ou juif les remplissait de son activité et de tous ses bruits. Mais quand, le soir venu, je remontais à travers la ville, vers mon gîte de la Casbah, je retrouvais la vieille africaine aux rues étroites, aux blanches maisons à terrasses; à chaque instant, une sorte de paquet blanc, étendu sur le pavé, barrait presque l'étroite rue; c'était un Arabe enveloppé de son burnous, échappant à la chaleur qui persiste après le jour dans ces maisons basses et fermées, et venant dormir à la fraîcheur de la nuit. Je me rappelle une petite place remarquable par un puits creusé au milieu et par un grand figuier qui l'ombrageait; elle était toujours encombrée de ces hôtes nocturnes; on en voyait sur la margelle du puits, sur l'appui des fenêtres. Seulement, l'un d'eux était assis et contait. La vivacité de ses gestes, les inflexions multipliées de sa voix indiquaient une narration animée, et les mouvements involontaires, les sourdes exclamations de ses auditeurs annonçaient que l'intérêt les tenait éveillés dans l'espèce de linceul qui les enfermait. On m'avait dit qu'Alger était devenue française. Qu'était-ce donc, en vérité, quand elle était turque !

Après le départ de Bosquet, Rivet s'empara de moi : chez tous deux, le souvenir de notre ancienne amitié subsistait avec une vivacité qui me touchait singulièrement. Rivet avait aussi l'ardeur d'un excellent soldat, et était, comme Bosquet, très-considéré dans l'armée : mais il était ulcéré de ne se trouver, après cinq ans d'Afrique, cinq ans de rude labeur, ni capitaine ni décoré. Il est vrai qu'il servait dans l'artillerie montée, moins employée que l'artillerie de montagne : cependant il avait été blessé au siége de Constantine. Il fut décoré pendant ces huit jours, à une revue que passa le duc d'Orléans. Je vis le duc à un bal que donna la ville ; puis je causai avec lui, chez le maréchal Valée, de l'expédition d'Égypte, des luttes de Desaix contre des adversaires analogues à ceux que nous rencontrions en Algérie; de la suprême intelligence qui avait si vite organisé la guerre et l'administration, là où la mer était ennemie, les finances insuffisantes, toutes les frontières hostiles; où seulement le pays était moins ruiné que l'Algérie. « Ah ! me disait le prince, où trouver un Bonaparte ? » — Le 1er octobre, je crois, il partit pour Constantine où se préparait l'expédition des Bibans; ma batterie, que j'avais rejointe à grande hâte en vue de cette expédition, n'y prenait point part.

Le 3 octobre, je partis pour Coléa. J'avais neuf lieues à faire par la traverse. Jusqu'à Maëlma j'allai sans escorte, avec deux mulets, l'un portant mon mince bagage, l'autre mon ordonnance Viala. J'attendis chez le capitaine du 62e qui commandait à Maëlma, le départ d'une escorte de spahis irréguliers chargés de la correspondance. Vers cinq heures, j'entrais au galop à Coléa, et Bosquet me présentait ma nouvelle section et le sous-officier Duprey des Iles qui la commandait sous moi et qui passa officier un an après.

Le soir même, Bosquet invita à dîner avec moi le colonel Lamoricière, les capitaines Répond et Maissiat. Nous dinions avec le capitaine Boquet et le lieutenant Jarry du génie. Ce furent là mes aimables et plus assidus compagnons pendant les sept mois que je passai à ce camp.

Bosquet parti, je sentis vivement mon isolement. Il fallait vivre avec des hommes qui n'avaient ni le même uniforme, ni les mêmes antécédents que moi, et que liaient ensemble, à l'exclusion d'un nouveau venu, de longs souvenirs de gloire et de combats. Je résolus de rechercher les plus intéressants d'entre eux et, avant toutes raisons d'affection, de leur offrir du moins un auditeur attentif, et un compagnon de bon vouloir. Ils voulurent bien m'accepter ainsi et me rendre, je crois, un peu de l'amitié que je leur portai en les connaissant mieux. M. de Lamoricière possède, à un haut degré, le talent de mettre en œuvre les hommes qui l'entourent. Il usa de ma bonne volonté, et j'eus le plaisir d'être admis peu à peu à son amitié qui me devint chère.

Quelques jours après mon arrivée, la venue du maréchal Clauzel, qui avait fondé le corps des zouaves, fut l'occasion d'une fête au camp. Le maréchal était venu faire à l'Algérie une visite de quelques jours. La conversation qui eut lieu le soir au café m'intéressa vivement. On parla d'Espagne, de l'Algérie en 1830 et 1836. Le maréchal Clauzel avait alors soixante-neuf ans, mais ses cheveux étaient presque noirs, et sa personne annonçait une vigueur peu commune. Sa figure exprimait de la bonhomie et de la force plutôt qu'une vive intelligence. Mais elle s'éclairait quand la conversation venait à s'animer, et il paraissait jouir sincèrement de l'affection presque filiale dont l'entourait cette brave jeunesse. Il inspirait aux zouaves une confiance absolue, et tous, me disaient-ils, l'auraient suivi joyeusement, s'il eût entrepris, avec 6,000 hommes, de gagner le cap de Bonne-Espérance. Le lendemain, ils l'escortèrent jusqu'à Blida avec une respectueuse sollicitude.

Je me rappelle, au reste, deux anecdotes qui me furent alors contées sur lui. On me parla, avec des détails que je regrette d'avoir oubliés, d'une retraite en présence d'Abd-el-Kader, pendant laquelle le maréchal, pivotant successivement sur ses deux ailes, et menaçant toujours, du poste bien choisi qu'occupait l'aile pivot, l'ennemi qui aurait attaqué l'aile marchante, contint sans cesse et découragea son adversaire. A la campagne de Constantine, au moment où il fallut se retirer sans avoir réussi, et dans de redoutables conditions, il dépouilla tout à coup l'indolence qu'il avait gardée pendant la marche en avant; il se transfigura, pour ainsi dire, au moment où commença la crise : dès lors l'armée le vit sans cesse, partout où se révélait un danger, accourir et montrer cette gaieté un peu moqueuse qui fait si bien oublier ou braver le péril à nos soldats. Un jour l'intendant, me disait-on, accourut tout consterné dire au maréchal que l'orge manquait, et que les chevaux allaient mourir de faim. Le maréchal pirouetta sur son talon. « Je me souviens, dit-il aux officiers qui l'entouraient, qu'à l'armée de Portugal, les chevaux du 14º chasseurs restèrent une fois quatorze jours sans manger. Ils allaient ma foi fort bien. » L'intendant comprit et s'en alla : et, le temps s'étant heureusement rétabli, l'armée s'en tira, comme il arrive toujours, avec moins de mal qu'on n'eût pu le penser.

Pendant les premières semaines de mon séjour à Coléa, je ne fus guère occupé que de promenades aux environs et de relations avec les officiers de zouaves. Deux blockaus, à Ben-Aouda et à Fouka, gardaient la ligne qui joignait Coléa à la mer et limitait nos promenades; celles-ci se faisaient, du reste, l'œil au guet et les pistolets aux fontes. — Entre le camp et la ville, se trouvaient le jardin et le délicieux ravin d'Embarek, alors séquestré au profit de l'État et cultivé par les zouaves sous la direction du capitaine de Ladmirault. — La partie principale du jardin d'en haut était une sorte de quinconce de vieux orangers de 30 pieds de hauteur. A côté, était le potager dans l'un des carrés duquel était, je me le rappelle, un cotonnier-arbuste qu'admira fort M. de Mirbel pendant une visite qu'il nous fit alors. Mais la partie principale et charmante, celle que bien souvent, paysagiste inexpérimenté, j'ai vainement tenté de reproduire, c'était le ravin, fermé en aval par d'inextricables broussailles, encaissé dans des bords abrupts, le long desquels circulaient d'étroits sentiers. A dix mètres au-dessous du sol environnant, on trouve sur les deux bords du ruisseau qui prend sa source au pied de la mosquée, un espace large d'une vingtaine de mètres, où les orangers, les citronniers, les grenadiers se pressent à ne pas laisser passer un rayon de soleil. On est là perdu, isolé du reste du monde, et l'on n'aperçoit, à travers les arbres, que le minaret et le palmier qui, plus élégant encore, élève à la hauteur du minaret le dôme gracieux de ses feuilles.

CHAPITRE II

REPRISE DES HOSTILITÉS.

Meurtre du commandant Raphel. — Première affaire d'Oued-el-Alleg. — Aspect de la Mitidja. — Combat d'Oued-el-Alleg.

Cependant, l'expédition des Bibans s'achevait ; les Kabyles, trompés par une démonstration du maréchal Valée, l'avaient attendu vainement sur la route de Bougie. Le duc d'Orléans traita sur la place du Gouvernement l'armée expéditionnaire, et prit à ce repas l'engagement de revenir bientôt en Algérie. On le vit avec plaisir s'attacher davantage à cette armée, à ce pays, que l'on croyait trop oubliés du gouvernement. — Plus tard, Lhomme de Prailles, le lieutenant de chasseurs, me conta les détails de cette course, me dépeignit les belles ruines de Djémilah, l'afreux défilé des Bibans, l'aspect lointain de Callah. — M. de Lamoricière vit, à Alger, le gouverneur général triomphant, à bon droit, du succès de cette course, et témoignant quelque dédain pour l'opposition des indigènes. « Vous n'avez pas encore rencontré Abd-el-Kader, monsieur le maréchal, disait le colonel ; vous trouverez des obstacles plus sérieux ! »

Nous apprenions, au même moment, qu'une grande fermentation se propageait autour de nous. Abd-el-Kader prétendait que le traité de la Tafna était violé ; que ce traité fixait aux excursions des Français des limites qui venaient d'être franchies. Du reste, il se posait avec nous en souverain vis-à-vis de vasseaux en révolte et ne reconnaissait d'égal, en France, que le roi. — Bientôt ces bruits de rupture prirent un corps, pour ainsi dire, et un coup douloureux annonça le renouvellement de la lutte.

Un jour, pendant cette absence de M. de Lamoricière, je vis dans le camp un trouble inusité. On annonçait le meurtre du commandant Raphel, chef du camp d'Oued-el-Alleg, et ancien capitaine de zouaves : je courus retrouver le commandant Regnault[1] ; il interrogeait avec vivacité un coléahi qui avait apporté la nouvelle, et le menaçait de coups de bâton pour l'avoir inventée. L'Arabe insistait, jurant qu'il avait vu de ses yeux le corps du commandant encore revêtu de ses épaulettes : la tête en était séparée. Trois autres cadavres étaient près de lui. Cet homme avait un tel accent de vérité qu'il fallut bien ajouter foi à son rapport. La nouvelle, d'ail-

[1] Tué, général de brigade, en juin 1848.

leurs, fut bientôt confirmée ; mais on hésita quelque temps à croire qu'elle signalât un renouvellement d'hostilités. La mort de Raphel fut présentée comme le résultat d'une vengeance de Béchir, le caïd des Hadjoutes, le chef habile et peu scrupuleux de ce ramassis de tous les mauvais sujets de l'Algérie. Quelque temps auparavant, le commandant avait attiré Béchir à une conférence pendant laquelle les cavaliers français l'avaient entouré. Le commandant lui-même allait mettre la main sur le chef indigène, quand celui-ci, se dérobant lestement, avait sauté sur la croupe de son cheval, s'était remis en selle en courant, et avait jeté au commandant des gestes et des paroles de menaces. — On avait universellement blâmé cette dérogation à la bonne foi française, proverbiale en Algérie ; mais l'autorité supérieure n'avait rien fait pour la réparer. — Béchir mit à profit l'ardeur qu'il connaissait à Raphel pour l'attirer dans une embuscade. Plusieurs fois, malgré l'état de paix où nous vivions depuis le traité de la Tafna, les troupeaux des villages et des camps rapprochés de la limite fixée par ce traité avaient été l'objet de tentatives d'enlèvement de la part des Hadjoutes. — En pareille circonstance, au premier signal d'alarme, les premiers prêts couraient aux voleurs pour leur faire lâcher prise. — Cette fois, Béchir fit saisir le troupeau et sema les embuscades sur le chemin qu'il dut suivre. 150 tireurs à pied furent cachés dans un bois près duquel passa le troupeau. Comme l'avait prévu Béchir, Raphel arriva le premier sur son excellent cheval noir, suivi de près par le lieutenant qui commandait le peloton de chasseurs, un sous-officier et un trompette du même peloton. Une seule décharge abattit les quatre Français, et quand le reste de nos cavaliers arrivèrent, ils ne trouvèrent plus que des corps privés de vie : la tête du commandant avait été enlevée.

L'attente d'une crise prochaine succéda à cette nouvelle. Dans la nuit, le colonel Lamoricière revint d'Alger. Bientôt, les nouvelles qui se succédèrent mirent hors de doute la reprise des hostilités. — C'était encore le camp d'Oued-el-Alleg qui avait le plus souffert. Attirées loin de ses remparts, les deux compagnies qui en formaient la garnison avaient été brusquement assaillies, s'étaient retirées d'abord en ordre, puis, décimées par les balles, avaient regagné le camp avec quelque confusion. La poursuite avait été arrêtée par la mitraille d'une vieille pièce en fer servie avec intelligence et fermeté par le brigadier Lassalle et ses trois canonniers à pied.

La plaine fut envahie et incessamment parcourue par les Arabes. Le maréchal, renonçant pour le moment à toute opération offensive, et restreignant peut-être la défense outre mesure, abandonna presque complétement jusqu'à l'arrivée des renforts qu'il demandait tout ce qui était en dehors des camps principaux. Ceux-ci mêmes étaient menacés ou attaqués : tout le pays s'était soulevé, et les maraudeurs arrivaient, comme à une curée, au pillage des propriétés européennes. Les deux autres sections de la 5ᵉ batterie étaient, l'une à Blida, l'autre au camp de l'Arba. La deuxième eut à tirer sous le commandement du capitaine Conrot, pour protéger le rétablissement du canal qui amène à Blida l'eau de l'Oued-el-Kebir, barré par les Béni-Sala. Müller, qui commandait la 3ᵉ section, fut atteint d'une balle à l'œil gauche en tirant un fusil de rempart des retranchements de l'Arba.

A Coléa, on travaillait activement. M. de Lamoricière préparait déjà la carte par renseignements qui nous occupa tout l'hiver et sur laquelle je reviendrai. Il rappelait ses détachements et assurait sa position.

Le 2 novembre eut lieu pour nous le commencement des hostilités. C'était un dimanche matin, et j'exerçais, hors du camp, ma section à la manœuvre. Les clairons et les tambours sonnant et battant la marche du régiment mirent tout le monde sous les armes : je rentrai. — Un berger de Coléa, amené par Hamza-le-Hackem (qui périt depuis dans le guet-apens du Mazafran), disait avoir découvert, près de la mer, 200 Hadjoutes en embuscade. Le pays était si peu peuplé et si peu parcouru, que ces hommes avait pu passer là 36 heures avant d'être aperçus. Ils étaient dans un rentrant de la vallée du Mazafran. Sur le champ, le capitaine Répond alla à leur recherche avec sa compagnie; le capitaine Frémy[1] s'embusqua, avec la sienne, entre le camp et Aïn-Fouka. Enfin, le commandant Renault, arrivé au camp depuis quelques jours, partit avec 200 hommes, pour aller au-devant du vaguemestre qui, ce jour-là même, devait rapporter la solde et les appointements des officiers.

Mais les Hadjoutes eurent connaissance de ces mouvements, et, renonçant à passer entre le camp et la mer, remontèrent la vallée pour faire leur retraite par la plaine. Seulement, ils laissèrent une cinquantaine d'hommes embusqués sur la route de Maëlma, qui devait amener le vaguemestre.

Heureusement celui-ci avait avec lui, outre l'escorte habituelle de spahis irréguliers, sept zouaves sortis de l'hôpital et rejoignant le corps, le fusil sur l'épaule. Heureusement encore, je ne sais quel instinct de vieux soldat l'avertit du péril, et il s'arrêta sur la crête de la berge droite. Les Arabes n'osèrent l'y attaquer, et bientôt après l'approche du commandant Renault dégagea la route.

Cependant, à Coléa, chacun de nous, l'œil à sa lunette, interrogeait la plaine. Nous y vîmes déboucher le parti débusqué le matin, et, sur-le-champ,

---

[1] Mort chef de bataillon près de Guelma.

deux autres compagnies, aux ordres du capitaine Maissiat, coururent se cacher dans le bois qui nous séparait d'Oued-el-Alleg.

Tous les Arabes étaient à cheval : ils menaient leur retraite avec prudence et sang-froid. Ils ont d'ailleurs, en général, la vue perçante des oiseaux de proie. Les chasseurs et spahis de Boufarik, au nombre de soixante environ, sortirent pour les suivre, en même temps que nos fantassins débouchaient, derrière eux, de la coupure du Mazafran. Alors commença une poursuite pleine d'intérêt. La Mitidja descend en pente douce de l'Atlas au Sahel (20 kil. environ); puis la rive gauche du Mazafran se relève rapidement et remonte à la hauteur des mamelons inférieurs de la grande chaîne. Coléa est à mi-côte sur cette rive, à peu près à la même hauteur que Blida. Nous étions donc parfaitement placés pour voir toute cette plaine qui se présentait ainsi à revers. Quoique nombreux et bien montés, les Arabes se retiraient devant la cavalerie de Boufarik; ils ne pouvaient pas engager, à trois lieues dans l'intérieur de nos lignes, un combat sérieux; mais ils essayèrent d'attirer leurs adversaires dans une embuscade; nous les vimes jeter du monde derrière deux rideaux de bois, puis feindre de fuir par l'étroit intervalle qui les séparait, afin d'attirer nos cavaliers à leur suite et de les prendre entre deux feux. Il nous semblait voir nos amis tomber dans le piége, et nous nous prenions à leur crier de prendre garde. Heureusement la lutte était égale et l'habileté pareille dans cette guerre de surprises : nos cavaliers jetèrent eux-mêmes des tirailleurs de l'autre côté du bois, et les deux partis continuèrent à marcher parallèlement, la poursuite étant retardée par les précautions dont elle s'accompagnait. A leur tour, les Arabes échappèrent à Maissiat en passant au delà d'Oued-el-Alleg. Sans doute, quelque rayon réfléchi sur le fusil d'un soldat les avertit du danger qu'ils trouveraient sur leur ligne naturelle de retraite. A ce propos, M. de Lamoricière regretta de n'avoir pas des armes à canon sombre pour les embuscades.

Cependant, le camp avait été peu à peu entièrement dégarni de son infanterie. Le peloton de chasseurs accompagnait le commanndant Renault, et nous restions sans nouvelles des détachements. Vers le soir, M. de Lamoricière m'envoya à mon tour en reconnaissance avec le lieutenant de Montlouis. Nous partîmes grand train sur la route du Mazafran, Montlouis portant son fusil de chasse en bandoulière; moi, avec mes pistolets doubles dans les fontes. A 4 kilomètres environ du camp, nous arrêtâmes court : un groupe de cavaliers paraissait devant nous, trop éloignés pour être bien vus à la brune, beaucoup trop nombreux pour être attaqués s'ils étaient ennemis. « Bah ! dis-je à Montlouis, s'ils sont ennemis, nous prendrons chasse, et nos chevaux courent bien. » Il mit son fusil en arrêt, moi le pistolet à la main, et nous piquâmes au galop pour voir notre monde de plus près. Bientôt il rejeta son fusil sur l'épaule, et je remis mon pistolet à sa place ; nous avions reconnu des amis : c'était le vaguemestre ramené par une escorte. Nous nous joignîmes à eux, et l'on nous conta en gros les événements de la journée. Puis, comme complément de nos renseignements, nous aperçûmes sur l'autre rive le commandant Renault, que des marais avaient empêché d'appuyer la poursuite ; et nous devançâmes les deux troupes pour porter leurs nouvelles au camp.

A la fin de novembre, les convois s'organisèrent défensivement, et les communications n'eurent plus lieu que par cette voie. Cependant, notre correspondance avec la France arriva toujours. Elle était portée par des Coléahis payés chèrement pour ce service, qui, plus tard, se régularisa sous la direction d'Ali-Belloul. Tous les huit jours, à une heure quelconque, les chefs de corps étaient prévenus que le courrier venait d'arriver. Nous accourions chez le colonel ; le plus souvent, nous trouvions couché dans le corridor et épuisé de fatigue le messager qui avait apporté les lettres. Il avait eu à éviter les partis ennemis, soit en se cachant, soit en faisant mille détours. A l'arrivée, il avait déroulé sa ceinture et mis à découvert dans le dernier repli son paquet de lettres et de journaux, gardé, du reste, avec une fidélité, un respect du message confié, qui sont habituels chez les indigènes. — Placés autour de la table du colonel, nous faisions le triage, chacun tirant à soi les lettres de son corps. Je me faisais une loi de distribuer, à l'heure même, celles que je recevais pour mes hommes.

Le camp entretenait encore quelques détachements : l'un au blockaus du pont de Mazafran, deux autres à Ben-Aouda et Fouka, deux blockaus qui partageaient l'intervalle entre Coléa et la mer. Enfin, un lieutenant et une vingtaine d'hommes étaient dans la redoute du 62°, jetée à quelque distance sur la rive droite du Mazafran et communiquant par une passerelle avec le poste de la Briqueterie, situé à 1,500 mètres seulement du camp sur la rive gauche. Le colonel demanda l'autorisation de les relever, et ne la reçut pas tout de suite. Dans l'intervalle, un orage me donna des craintes pour la passerelle. J'y descendis avec deux canonniers et deux chasseurs, et l'eau en était si proche, que je la levai immédiatement et n'en laissai que les chevalets. Le soir même, le colonel, inquiet pour son détachement, m'envoya chercher à Mokta-Khreira un bateau d'avant-garde, au moyen duquel une traille fut établie à la Briqueterie. A minuit il arriva du camp comme le travail s'achevait, et nous passâmes les premiers sur la rive droite. Le reste de la nuit fut employé à préparer l'installation, dans la redoute, de 60 hommes, commandés par un capitaine, et d'un de mes obusiers. L'ordre d'évacuer les postes arriva quelques jours après, et tout se trouva réuni dans le camp le 5 décembre.

Alors commença avec une certaine régularité une existence qui n'était pas sans charmes. La grande affaire de chaque jour, c'était de faire paître le troupeau à l'abri. Il fallait bien choisir son terrain, s'éclairer, préparer des moyens de retraite ; c'était vraiment une excellente étude pour des officiers de troupes légères. Le premier pâturage fut ainsi établi par le colonel lui-même, à une lieue et demie du camp. Nous venions d'être joints par les 2°, 3° et 4° compagnies du 1er bataillon de tirailleurs de Vincennes, alors commandé par M. Grobon. Plus tard, le capitaine Blangini, commandant de place à Coléa, partait tous les jours à la diane, avec le peloton de chasseurs, soutenu par deux compagnies. Il faisait le tour du camp, marchant avec ses chasseurs sur le versant des collines qui couvraient le camp et détachant sur leur crête des cavaliers isolés, ordinairement des gendarmes maures. « Si j'étais là-haut moi-même, me disait-il avec son accent corse, ils me tueraient du monde à coups de fusil, ou m'attaqueraient en flanc et en queue : tandis que s'ils attaquent mes éclaireurs, c'est moi, au contraire, qui tomberai sur leur flanc. » Après cette reconnaissance, qui voyait toujours quelque patrouille arabe, l'officier chargé, ce jour-là, de la garde du troupeau, établissait son détachement sur le terrain.

En même temps, le colonel faisait enclore la ville dans une enceinte défensive. On démolissait les maisons restées en dehors; on reliait les autres par des murs et des fossés. Le capitaine du génie Boquet, qui dirigeait ce travail avec infiniment d'intelligence et d'activité, faisait, en outre, construire, en avant de l'enceinte, deux tours en maçonnerie. Mes canonniers aidaient à l'exploitation d'une carrière dans le ravin des Beni-Moussa. J'y ai souvent passé ma journée assis à l'ombre d'un grand frêne, et un livre de botanique ouvert devant moi, entre mes deux pistolets.

Mais ordinairement, vers midi, j'entrais chez le colonel avec le capitaine Maissiat. Nous y trouvions quelque Arabe connaissant le pays voisin des limites françaises. M. de Lamoricière se faisait décrire une des routes qui coupent ce pays. « Pour aller de Coléa à Miliana, disait-il, par où passes-tu? — Je marche, disait l'Arabe, au Sud-Ouest, et j'arrive à... — Bien! Quelle est jusque-là la longueur du chemin? Est-ce comme d'ici à Maëlma? — Non, c'est comme d'Alger à Ben-Ibrahim. » Moi, j'inscrivais le dire de l'Arabe, traduit par le colonel. Puis venaient les indications relatives à l'eau, au bois, aux difficultés du passage. On continuait ensuite en consignant des renseignements analogues pour toute la route. Une autre fois, on allait à Cherchell, à Médéa, puis de l'une à l'autre. De là des recoupements et des vérifications continuelles. Le capitaine Maissiat construisait, pendant ou après la séance, la route étudiée, et le lendemain nous signalions au colonel les inexactitudes relevées par le dessin. Le commencement de ce travail fut très-difficile : les Arabes ne savaient pas, ne comprenaient pas, se fatiguaient vite. Nous trouvâmes enfin chez Ali-Belloul, qui avait, comme khrammès, parcouru toute la contrée, un guide intelligent, dont l'emploi fit de ces recherches si délicates un travail ordinaire. Cet homme avait une exactitude de souvenirs vraiment prodigieuse. Orientation, distances, accidents de terrain, il se rappelait tout. Je me souviens qu'une fois, en l'absence du colonel, je l'interrogeais à l'aide de Moussa, l'interprète; et comme je m'impatientais en attendant une de ses réponses : « Tais-toi, tais-toi, me dit-il, je suis sur la route et je compte les pas. » Nous dressâmes ainsi, avec une exactitude qui fut très-utile dans la campagne suivante, la carte de tout le quadrilatère compris entre Alger, Taza, Mostaganem et Mascara.

Cependant, les Arabes s'étaient établis sur le penchant de l'Atlas, et les feux de leur triple camp y brillaient chaque nuit. Leurs batteurs d'estrade parcouraient incessamment la plaine, et un jour entre autres de nombreux cavaliers se montrèrent jusqu'aux portes de Boufarik et repartirent de là avec un luxe de fantasia qui faisait supposer la présence d'Abd-el-Kader. Les ordres du maréchal interdisaient toute excursion en plaine, si ce n'est aux convois organisés d'Alger à Blida ou à Coléa. Ces deux places étaient donc isolées aux deux extrémités de la ligne française, et les Arabes pouvaient en essayer l'attaque. Il faut dire, non à leur honneur, que *Blida la Jolie* parut avoir, dans leurs préférences, le pas sur *Coléa la Sainte*. Ils l'attaquèrent dès la fin de novembre, essayant de détourner l'eau de l'Oued-el-Kebir, tiraillant contre les remparts du camp, amenant même du canon sur les derniers versants des Beni-Sala. Le général Duvivier appelait ces attaques du nom, un peu ambitieux, de siége de Blida, et l'on souriait en recevant ses dépêches datées du « 50° jour du siége ». Quoi qu'il en fût, le ravitaillement opéré les 14 et 15 décembre par le général Rulhière donna lieu à un rude combat. Le brillant commandant Bouscarin, des spahis, y fut très-sérieusement engagé. Le 2° léger, les 23° et 24° de ligne s'y distinguèrent. Les convois moins importants furent habituellement commandés par le colonel Changarnier, du 2° léger, qu'une audace à toute épreuve signalait dans ce temps de prudence universelle exigée par le maréchal.

Cependant quelques renforts étaient arrivés. Le

31 décembre, en jetant, vers neuf heures du matin, les yeux vers la plaine, j'y vis une armée française escortant un convoi de Boufarik sur Blida par Oued-el-Alleg. Une centaine de cavaliers voltigeaient autour d'elle, appelant, à coups de fusil, le secours de leurs camarades. Ceux-ci accouraient du camp de la montagne : la fusillade était de plus en plus nourrie, l'attaque de plus en plus sérieuse. Bientôt les bois qui avoisinaient la route parcourue par l'armée française se remplirent de fantassins. Les cavaliers se pressèrent dans les intervalles découverts, et leurs masses chargèrent nos tirailleurs : l'armée alors s'arrrêta.

Elle était, à ce moment, en marche vers Blida, et nous tournait presque le dos. Les Arabes étaient en grand nombre sur sa droite et sur ses derrières. En arrrière et à gauche, nous vimes les bagages se former en carré et s'entourer de bataillons immobiles : l'artillerie, qui avait peu tiré jusqu'alors, se réunit en face des rassemblements ennemis.

Dieu sait avec quel ardent intérêt nous suivions, la lunette à l'œil, ces préliminaires de bataille, que la pureté de l'air nous permettait de distinguer, mais dont nous ne pouvions, à cette distance de 12 à 15 kilomètres, être que spectateurs. Tout à coup, je vis déboucher, en avant du ravin de l'Oued-el-Kebir, au delà de l'armée, une ligne noire qui semblait marcher en ordre vers le lieu du combat. Un mouvement extraordinaire se manifesta à cette vue parmi les Arabes. Toute la cavalerie s'élança vers nos bagages, appuyée par les fantassins irréguliers que nous voyions quitter l'abri des bois pour courir vers notre arrière-garde comme à une proie assurée.

Mais c'était trop d'audace vis-à-vis d'adversaires comme les leurs. Le maréchal saisit ce moment pour commencer sa bataille et prendre, à son tour, l'offensive. L'artillerie éclata tout à coup et brisa, en un instant, sous ses obus et ses boulets, l'élan de cette masse confuse : les fantassins se sauvèrent, la cavalerie tourbillonna et n'essaya même pas d'intervenir dans le drame qui se passait à l'avant-garde et qui s'acheva, du reste, avec une merveilleuse rapidité. Nous vîmes une partie de la ligne française se porter en avant à toute course et disparaître avec les bataillons réguliers que nous avions bien reconnus dans le ravin de l'Oued-el-Kebir. Nous battions des mains à cette vigoureuse charge de nos braves camarades. Deux heures après, la plaine était calme : le convoi, à peine suivi de loin par quelques ennemis, était parvenu à Blida, et nous apercevions nos pelotons d'infanterie revenir au pied de la montagne, de la Chiffa vers la même ville. C'était une victoire complète qui nous soulageait le cœur de l'humiliation que nous éprouvions depuis deux mois, en voyant les Arabes se montrer en maîtres dans la Mitidja. Nous avions, du reste, très-bien compris la bataille. Les réguliers avaient été attaqués au pas de course par le colonel Changarnier et le 2ᵉ léger, et tournés par le colonel de Bourjolly avec le 1ᵉʳ de chasseurs. Le général Rostolan commandait le convoi.

Le 4 janvier 1840, l'armée victorieuse d'Oued-el-Alleg vint camper à Coléa, recevoir nos compliments, compléter nos connaissances de la bataille. A déjeuner, chez le colonel, on échangea les nouvelles intimes d'Alger et des avant-postes. La colonne repartit le 6 et rentra le 7 à Alger, laissant aux Arabes une singulière impression de terreur, dont l'émir eut peine à les faire revenir. Le maréchal attendit ensuite, sans faire d'entreprises nouvelles, le printemps, les princes et des renforts.

Ces quelques semaines m'ont laissé d'excellents souvenirs. Le voisinage de dangers continuels, la prévision d'une guerre prochaine et décisive pour l'avenir de nos possessions d'Afrique, le travail incessant par lequel nous préparions cette guerre, tout cela haussait le cœur et faisait vivre plus vite : le camp était plein d'animation et de gaieté, malgré la misère universelle ; mais la misère est peu de chose quand on a tant de moyens de s'en distraire, et elle ne pouvait rien sur nos plaisirs d'intelligence et d'affection. Au premier rang de ces plaisirs, je mettrai l'intimité des aimables compagnons que je trouvais dans ce corps des zouaves, recruté d'officiers jeunes, ardents, sachant la guerre et l'ayant glorieusement faite sur tous les champs de bataille de l'Afrique. Le colonel de Lamoricière était leur digne chef. Jeté à vingt-cinq ans sur cette terre qu'il n'avait plus quittée, il y avait conservé, dans tout ce qui n'était pas la guerre d'Afrique, une jeunesse qui contrastait avec sa maturité, son expérience comme chef militaire. Du reste, son esprit ardent s'était appliqué à bien des sujets de politique générale, de philosophie sociale, d'études de guerre, et, sur tous ces sujets, nous nous occupions avec lui de tout ce qui se passait d'important dans le monde. Avec quel intérêt nous suivîmes, étendus, sur la table du cercle, autour de son atlas de Brué, les relations des expéditions de Khiva et de l'Afghanistan! Une autre fois, nous critiquions, chez Maissiat, quelque livre d'Auguste Buchez, ou bien le colonel rappelait la part qu'il avait prise, avec un ami qui étudiait la médecine à Montpellier, aux expériences d'embryogénie du professeur Delpech. Malheureusement il était difficile de l'amener à raconter ce qu'il avait fait en Afrique, et il éludait presque toujours mes questions sur sa vie militaire; c'est par d'autres que j'en ai su quelque chose. Mais, dans notre cercle, comme partout en Afrique, on aimait à parler colonisation, assimilation des Arabes. On y produisait souvent l'idée que nous ne serions maîtres du pays qu'en les faisant reculer devant nous : M. de Lamoricière lui-même n'avait pas foi tous les jours dans l'avenir de notre domination en Afrique ; je n'ai trouvé cette foi vive et générale que dans la province de Constantine.

En février, la garnison s'accrut d'un escadron du 2ᵉ de chasseurs, commandé par le capitaine Joly, dont nous appréciâmes fort les talents d'artiste, et qui fit de sa chambre un petit musée qu'on allait voir. Le 7 mars, un convoi nous amena le général d'Houdetot, qui dut nous commander pour quelques jours, et qui n'avait rien, dans sa bonne et franche manière d'être, qui sentît l'officier de cour. Ses aides de camp, MM. Louis Devilliers et de Mac Mahon, se firent promptement aimer et estimer de nous tous. Le second était déjà connu de l'armée. Il avait gagné la rosette d'officier à la prise du Col par le maréchal Clausel, en 1836.

CHAPITRE III

EXPÉDITION DE CHERCHELL.

Le colonel Changarnier. — Le commandant Cavaignac.

Le 8 mars, à neuf heures du soir, les portes étant fermées, les chefs de corps furent mandés chez le colonel. Le général d'Houdetot était présent. Le colonel nous dit que l'armée allait marcher sur Cherchell en trois colonnes partant, l'une de Blida, sous le commandement du général Duvivier : elle devait longer le pied des montagnes ; la deuxième, de Boufarik, avec le maréchal : elle devait prendre le milieu de la plaine. Enfin, nous devions former la colonne de droite et suivre les crêtes du Sahel. Il fallait partir le lendemain matin à quatre heures : le rendez-vous était en avant du camp ; l'emplacement de chaque corps était désigné.

Je ne dormis guère cette nuit-là : c'était notre premier mouvement offensif, et je combinais toutes les chances pour tâcher de ne pas paraître trop novice, quelque circonstance qui se présentât. Longtemps avant l'heure indiquée, j'étais sur pied, inspectant l'équipement des mulets, distribuant les fonctions aux servants. Vers cinq heures, nous nous mîmes en marche.

Une heure après, les coups de fusil commencèrent ; mais la fusillade, maintenue à distance par les lignes de tirailleurs dont s'enveloppait notre petit corps, ne devint jamais bien vive. Le bruit des balles qui nous dépassaient était grave, comme il arrive quand elles ont perdu de leur vitesse ; il est aigu près des fusils.

Le soir, le temps se gâta, et il faisait déjà sombre quand nous nous formâmes en carré autour du Tombeau de la Chrétienne ; c'est le nom qu'on donne au Kber-Roumia, traduisant ainsi l'appellation arabe qui reproduit sans doute le son du vrai nom, du nom punique du monument (*sépulture royale,* selon M. Jonas, je crois). La nuit était venue quand notre installation fut terminée : il avait fallu descendre, à grande fatigue, jusqu'au lac Alloula pour avoir une eau très-médiocre, et les corvées rentrèrent tard. A ce moment, les deux autres colonnes, que nous n'avions pas vues pendant le jour, allumèrent leurs feux de bivouac et se manifestèrent ainsi tout à coup ; elles étaient à notre hauteur. Quelques zouaves gravirent le monument et y allumèrent un grand feu dont la vue donna à nos camarades de la plaine le plaisir que nous causait la vue des leurs. C'était une communication d'amis.

Je ne parle pas de la nuit, pendant laquelle une pluie abondante ôta tout charme à mon premier bivouac. Le soleil du matin rendit à la position que nous occupions toute sa pittoresque valeur. Nous étions sur une crête étroite entre le lac Alloula et la mer : tellement étroite, que notre faible carré descendait des deux parts sur les pentes. Le Kber-Roumia est à 5 kilomètres environ de la mer et 1 kilomètre 50 du lac qui reçoit les eaux de la Mitidja, qui ne vont ni au Mazafran, ni à l'Oued-Nador. Il est formé de deux troncs de cônes superposés. La partie inférieure s'élève par gradins plus hauts que larges. Dans la partie supérieure, les marches du gigantesque escalier ont plus de giron que de contre-marche. Le monument a 62 mètres de diamètre sur 35 mètres de hauteur. Il me semble que sa construction rappelle les pyramides ; seulement sa position culminante a donné lieu à d'autres conjectures. On s'est demandé, entre autres, s'il ne portait pas des signaux pour les navigateurs. On pense aujourd'hui qu'il a servi de tombeau aux rois contemporains de Carthage, et, sans doute, le Madrassen ou tombeau de Syphax, à 30 kilomètres nord-est de Batna, aurait eu le même usage. Celui-ci, beaucoup plus élégant que le Kber-Roumia, est aussi large et moins élevé de moitié.

Dirai-je les légendes que nos guides arabes nous avaient rapportées sur le Kber-Roumia? Des conduits souterrains, disaient-ils, communiquaient de là au bord de la mer à Marsa-Sfa (la plage pure). D'immenses trésors y étaient renfermés. C'était la résidence de l'Esprit des Abeilles, et, si les chrétiens osaient s'y montrer, toutes les abeilles de la terre se réuniraient pour punir leur audace et anéantir les infidèles! — D'abeilles, il n'en parut point. Le 10 au matin, je grimpai jusqu'au sommet du monument. Le parement extérieur est en pierres de taille de 1^m,20 environ sur 0^m,65 d'équarrissage; je ne vis nulle trace de ciment; un grand nombre de ces pierres avaient roulé, peut-être par suite de tremblements de terre, et s'étaient accumulées au pied. Le temps manquait pour sonder l'intérieur; mais nous remarquâmes deux pierres plates évidemment étrangères à la construction et rapportées après coup. Elles avaient 2 mètres de hauteur sur 1 mètre de largeur. Elles étaient refouillées, et une grande croix était taillée sur leur surface extérieure. L'une était debout, regardant la mer; l'autre gisait, brisée en deux, à l'ouest. Ainsi, les chrétiens avaient consacré le monument, ce qui avait contribué sans doute à lui faire donner son nom arabe de Tombeau de la Chrétienne; ce nom admis, une autre tradition avait appliqué cette désignation à la fille du comte Julien, qui appela les Arabes en Espagne : on répéta sur elle l'histoire de Chéops. On ajouta enfin qu'elle avait péri noyée au gué du Mazafran qui porte le nom de Mokta-N'Sara (gué de la Nazaréenne).

L'étape du 10 se fit encore par les crêtes du Sahel. Nous laissions entre nous et la mer les cachettes qui recélaient les tribus du Sahel, et la forêt de Teféced, où les Turcs prenaient jadis quelques bois de construction. Nous vîmes au dernier débouché, à l'ouest de la Mitidja, Teféced, ville autrefois importante, devenue un village de pêcheurs ; et, descendant à gauche, nous joignîmes, à Souk-el-Arba, les deux autres colonnes. La Mitidja n'a plus, en ce point, que 2 kilomètres de largeur, tandis qu'elle s'ouvre largement, à l'est d'Alger, par les vallées de l'Harach et du Hamise. Nous touchions les montagnes des Beni-Menad, dominées par celles des Beni-Menacer, et barrant désormais l'espace compris entre le Chélif et la mer. Du Zaccar, qui porte Miliana sur son versant sud, au tiers de sa hauteur, et descend jusqu'au Chélif, un contre-fort court droit au nord, s'efface presque sur la route que nous allions suivre, puis se relève et forme le cap Chenouan.

La colonne du centre m'amenait un ami, Princeteau, qui arrivait de la province de Constantine. En novembre 1839, tandis que la guerre suspendait tout travail et détruisait tant de richesses dans la Mitidja, il m'écrivait « qu'il venait de faire, lui second, le voyage de Philippeville à Constantine; que, partout, il avait trouvé le laboureur à sa charrue et le berger à son troupeau; qu'il avait pu se croire, sauf le costume, en Champagne et en Lorraine ». Sa lettre m'avait fait réfléchir à la conquête qu'avait opérée le maréchal Valée : le maréchal avait su conserver la société que le sort des batailles avait mise dans sa main : il avait donc acquis à la France bien mieux qu'un territoire ouvert aux dispendieuses épreuves de la colonisation : il avait placé sous sa puissance les forces matérielles et intellectuelles d'un peuple organisé. A la longue, la fusion des deux nations s'opérera sans qu'il y ait eu désastre pour l'une d'elles, sans que la haine ou la peur trouble les yeux dont elles se verront mutuellement, et une nation nouvelle naîtra de leur concours dans des conditions de vie et de durée.

J'embrassai Princeteau avec grand plaisir : c'est un esprit poétique et un cœur affectueux. Il était heureux, me dit-il, de renouer au camp une intimité formée dans d'autres temps et dans des circonstances si différentes.

L'état-major comptait trouver Cherchell au bout d'une demi-étape. J'annonçai que nous en avions au moins pour une journée : on ne me crut pas; mais l'événement donna raison aux cartes et aux mémoires rédigés à Coléa : cette épreuve m'inspira une confiance dans nos renseignements que le maréchal partagea avant la fin de l'expédition.

Dès le lendemain, une épreuve nouvelle avait confirmé l'exactitude des données recueillies par le colonel de Lamoricière. Pour n'y avoir pas ajouté foi, on dépensa trois heures au passage de l'Oued-Nador, qu'on aurait franchi sans difficulté à une demi-lieue plus bas. J'étais d'avant-garde, et, après le passage, nous nous retournâmes pour regarder, des hauteurs où nous étions parvenus, une fusillade qui fut un instant assez vive. Près de moi étaient les généraux Duvivier, et Marbot. « Vraiment, disait ce dernier, c'est absurde à penser qu'un lieutenant général, aide de camp du roi, et qui a quatre-vingt mille livres de rente, puisse avoir la tête cassée par un de ces pouilleux-là. » C'est une réflexion qui ne vient guère à l'esprit dans un combat important, mais dont la philosophie nous faisait rire en présence de ce petit engagement.

Nous arrivâmes tard au bord de l'Oued-el-Achem ; les ruines romaines se multipliaient ; déjà nous avions admiré une sorte de portique à la source d'Aïn-Moussa. A droite était le cap Chenouan, dont les habitants s'étaient engagés à ne pas inquiéter notre marche, pourvu qu'on ne les attaquât pas. Au marché qui suivit, Abd-el-Kader fit saisir parmi eux vingt pères de famille, et les exila à Tekedempt pour les punir de cette transaction avec les *roumis*. A notre retour, ils nous firent religieusement tout le mal possible.

Le temps était redevenu agréable et doux. Borrel, notre sous-aide de Coléa, avait bien voulu m'accompagner. Nous dinions et couchions ensemble. Viala nous faisait, avec une couverture appuyée sur deux bâtons et fixée à six piquets, une tente chaude et commode où nous nous glissions en rampant. Quant au diner, Viala le préparait, et son inexpérience nous prêtait souvent à rire. A Cherchell, l'ambulance réclama les services de Borrel, et je restai seul.

Avant le jour, nous allâmes prendre position pour couvrir le départ de l'armée; je me rappelle avec quelle attention je choisis mon poste et fis mes apprêts de combat. Ils furent en pure perte, et nulle attaque n'eut lieu ce jour-là : l'avant-garde entra à Cherchell à deux heures et n'y trouva qu'un habitant qui, malheureusement, fut tué. Le maréchal fit remettre 1,000 francs à sa famille. Mais Abd-el-Kader avait enlevé toute la population, comprenant aussi bien que le maréchal le peu que vaut une terre, voire une ville, vide d'habitants.

La route avait été plus remarquable encore que la veille; nous étions, il est vrai, sur une grande route romaine et à la porte de la capitale de la

Mauritanie Césarienne. Le terrain relativement facile que nous parcourions avait, de tout temps, indiqué l'emplacement de la communication principale entre Julia Cæsarea et les villes de l'Est, Médéa, Sitifa (Sétif), Cirta (Constantine), Carthage. En traversant l'Oued-el-Achem, nous avions admiré un aqueduc à trois étages de voûtes, comme le pont du Gard, plus petit, et peut-être plus orné. Il ne joignait pas tout à fait la montagne au nord du vallon qu'il traversait. Là encore, les Arabes plaçaient une légende.

En nous parlant de ce monument, Hamza avait demandé au colonel la permission de s'interrompre pour conter une *gossa* : « Un sultan de Cherchell, nous dit-il, un sultan du temps des Romains, avait une fille, nommée Xiba, qui était la plus belle princesse de son siècle. Il promit la main de Xiba au prétendant qui saurait amener à sa capitale l'eau qui lui manquait. Beaucoup se mirent à l'œuvre ; mais il fallait franchir des ravins si difficiles que tous se rebutèrent, excepté deux. Le plus riche poursuivait la construction d'un gigantesque aqueduc en pierre. Déjà il avait presque achevé le pont magnifique qui devait soutenir l'aqueduc au passage du dernier ravin ; mais, pendant ce temps, l'autre faisait descendre des tuyaux de la montagne, les faisait remonter vers Cherchell et versait l'eau dans le bassin qui subsiste encore, et porte, comme témoignage de la vérité de cette histoire, le nom d'Aïn-Xiba. Le concurrent malheureux se tua de désespoir en se précipitant du haut de son aqueduc inachevé. » N'est-ce pas la mise en action de deux solutions du problème?

A Cherchell même subsiste une enceinte, et, au-dessus de la ville, une énorme redoute en maçonnerie du temps des Romains. Dans l'intérieur, nous remarquâmes une mosquée soutenue par une multitude de colonnes diverses de forme et romaines pour la plupart. Mais la partie la plus curieuse était le port. Au fond d'une rade ouverte au nord-est se trouve une digue d'une soixantaine de mètres de longueur, terminée à un îlot, portant un petit fort à demi écroulé. Au pied de l'îlot, on découvrit une belle mosaïque. A travers la digue, un passage, aujourd'hui comblé, donnait accès aux galères dans un bassin carré, bâti en maçonnerie, et très-apparent encore. Quelques années plus tard, on a tiré de la vase la coque naufragée d'une galère. Quelles épaves nous réserve encore ce grand sauvetage du passé!

D'une autre part, on installait trois blockhaus sur les crêtes qui couvrent Cherchell du côté de la terre. Les pentes qu'il fallut gravir étaient cultivées jusqu'au sommet. « Six mois de notre domination, me disait avec quelque amertume le colonel de Lamoricière, transformeront ces riches jardins en friches improductives ! — Mais n'espérez-vous pas, répondais-je, que six ans de notre présence leur rendront une prospérité plus grande et destinée à croître encore? »

Nous laissâmes à Cherchell le 2ᵉ bataillon léger (zéphyrs), que commanda le chef de bataillon Cavaignac, revenu de France vers cette époque. J'en avais souvent entendu parler par ses anciens soldats de Tlemcen, devenus 3ᵉ bataillon des zouaves, puis répartis dans les deux premiers bataillons. Ils m'avaient vanté l'aplomb, la probité, l'habile énergie de leur chef improvisé, et j'avais pu comprendre qu'il portait loin le talent de s'emparer des hommes qu'il commandait et de leur imposer le respect et le dévouement. Il en donna bientôt une preuve nouvelle, et se trouva avoir acquis, en quelques semaines, une autorité complète sur les soldats qu'on lui avait confiés.

M. de Lamoricière m'avait aussi parlé du commandant Cavaignac et des dissentiments qu'on avait supposés entre eux deux. Il me disait avoir interpellé son chef de bataillon sur la répugnance que celui-ci éprouvait, disait-on, à servir sous les ordres d'un camarade de l'École polytechnique plus jeune que lui; promettant, si Cavaignac le désirait, d'obtenir son changement de corps. Le commandant Cavaignac avait protesté qu'il n'en était rien, ajoutant d'ailleurs quelques compliments à son refus.

Depuis deux ans, il était en France retenu par sa santé et ses affaires. Mais il était loin d'être oublié, et le maréchal s'empressa de lui confier sa première conquête.

Pour la première fois aussi, j'avais causé avec le colonel Changarnier, sous la tente du capitaine Sainte-Foix. Il avait attaqué vivement le système de prudence et de temporisation adopté depuis quatre mois, système poussé trop loin, même à Coléa. Je défendis notre camp, déclarant que le moral des troupes n'y avait jamais fléchi, et que le colonel de Lamoricière pouvait nous conduire tous à la plus audacieuse entreprise, sans que faillit notre confiance en lui et dans le succès : il s'ensuivit une assez vive altercation, malgré mon admiration pour le courage toujours prêt, toujours brillant du colonel Changarnier. Plus tard, quand j'en parlai, en termes très-vagues, bien entendu, au colonel de Lamoricière : « N'attaquez pas Changarnier, me dit-il ; il est loyal autant que brave, et je viens encore d'en avoir la preuve. » Jamais, au reste, je n'ai entendu de la bouche de M. de Lamoricière une attaque contre ceux que l'opinion lui donnait pour rivaux.

Le long du Chenouan, je fus mis en flanqueur de gauche aux ordres du colonel Changarnier. Le chemin fut très-difficile, et, deux fois, le colonel me dit de rétrograder, parce que je ne pourrais pas passer. Je fis un kilomètre dans le lit d'un ruisseau, cherchant un passage pour ma section à travers les broussailles épaisses et les berges abruptes. Nous tenions à honneur de suivre partout l'infanterie, et nous passâmes en effet.

Le 20, je tirai, pour la première fois un peu sérieusement, une dizaine d'obus. Ils firent bon effet, et je reçus des compliments sur la justesse du tir. Il faut, du reste, se défier de l'extrême transparence de l'atmosphère, qui diminue les distances. Ce jour-là je commandais l'artillerie de la colonne, et je refusai obstinément d'ouvrir le feu avant d'être dépassé par la plupart des balles. La nuit, que nous passâmes à deux lieues au delà du Kber-Roumia, fut affreuse. Je restai, pendant sa durée, accroupi dans mon manteau de toile cirée et sous la pluie. Mais elle fut bien autrement cruelle pour le reste de l'armée qui voyageait en plaine : le maréchal avait résolu de pousser jusqu'à Blida, afin de n'être pas bloqué par l'inondation de la Chiffa, qui devenait menaçante. Ce passage de rivière, par la pluie et l'obscurité profonde, donna lieu à un désordre extrême : beaucoup d'effets, quelques chevaux, deux ou trois hommes s'y perdirent.

CHAPITRE IV

RETOUR AU CAMP. — EXPÉDITION DE MÉDÉA.

Occupation au camp. — Fouille de la forêt des Karesas.
Combat de l'Oued-Djer.

A Coléa, nous recommençâmes notre vie d'études, de travail : la carte se compléta. Puis une assez singulière récréation se joignit aux occupations précédentes : le capitaine Joly avait disposé sur sa fenêtre des papiers de couleur qui y dessinaient une ogive et figuraient des dessins d'armoiries à chaque carreau. Après son départ, cette fenêtre fut démontée et transportée dans le cercle. Nous résolûmes de compléter, pour les cinq autres fenêtres de la pièce, ce genre d'ornementation. Seulement, pour acquérir une certaine valeur historique, les armoiries représentées durent avoir une importance dans l'histoire nationale. Ce fut l'objet d'une étude de blason, dont Maissiat, érudit comme un Allemand, nous fournit les éléments. Nous nous mîmes à l'œuvre ; mais les événements interrompirent ce travail après la seconde fenêtre.

Cependant le duc d'Orléans était revenu, accompagné, cette fois, du duc d'Aumale, alors âgé de dix-huit ans, chef de bataillon au 4ᵉ léger, qui devait lui servir d'officier d'ordonnance. Ce fut à qui ferait partie des expéditions qui se préparaient. Pour moi, j'avais reçu deux sous-officiers et une vingtaine d'hommes de renfort. Mais les munitions qui m'étaient destinées étaient à Douéra : je profitai, pour les aller demander à Oscar La Fayette, de l'absence du colonel. Au retour, comme je formais la seule cavalerie de ma petite troupe, je la précédai d'un kilomètre, montant sur toutes les hauteurs pour reconnaître le pays. Le sous-officier Raymond avait ordre, si je tirais un coup de pistolet, de prendre la fuite au plus vite avec son convoi : si l'ennemi n'eût pas eu une trop grande supériorité, ou si la fuite eût été impossible, je devais revenir sans tirer ; et je comptais, en tout cas, me défendre à outrance, et, s'il le fallait, faire sauter le convoi. Du reste, il n'y eut pas lieu de prendre ces mesures. Mon cheval eut seulement une journée de rude fatigue, et je fus dès lors en état de partir au premier signal.

Les zouaves revinrent après être allés passer à Boufarik la revue du prince. C'est là, me conta-t-on, qu'il demandait à un zouave au teint bruni

« de quelle tribu il était. — Des Béni-Mouffetard, mon prince », répondit le soldat, gardant son esprit de Paris sous le noir visage que lui avait fait le soleil d'Afrique.

Le 26 avril, au soir, M. de Lamoricière nous convoqua de nouveau. Une grande fouille de la forêt des Karésas, qui s'étend jusqu'au lac Elloula, était organisée pour le lendemain : les troupes de Coléa devaient occuper tout le nord de la forêt. Les passages furent répartis entre divers détachements. Le départ eut lieu avant le jour, et l'on marcha vite; mais cette chasse trouva la forêt vide. Vers deux heures, nous vîmes, des hauteurs du Sahel, l'armée se retourner vers l'Atlas, où les Arabes paraissaient en grand nombre. Sur-le-champ, on se mit en marche pour courir au feu. La cavalerie nous quitta aussitôt que la forêt fut traversée, et le reste de la colonne, zouaves, chasseurs d'Orléans, 3ᵉ léger, accéléra le pas. J'eus le chagrin de perdre dans cette marche un homme et un mulet; celui-ci s'était emporté en arrière à une lieue de la colonne. Je rapportai sur mon cheval le corps de mon soldat. Nous n'avions pu atteindre l'ennemi : nous campâmes au pied de l'Atlas.

Le matin, une cavalerie considérable, où l'on distinguait les cavaliers rouges (réguliers) d'Abd-el-Kader, garnissait le revers des montagnes qui séparent du lac Elloula le bassin de l'Oued-Djer.

Nous marchâmes à elle, Maissiat en extrême avant-garde, moi le suivant. C'était une récompense accordée aux collaborateurs du travail dont on devait suivre désormais les indications. Nous arrivâmes ainsi à 1,500 mètres de l'ennemi. Mais, comme nous nous préparions à l'attaque, il fit un à-gauche et commença à défiler au grand trot, en nous tournant au loin par notre droite. Nous fûmes fort déconcertés de ce mouvement qui, continué, portait Abd-el-Kader au milieu de nos établissements sans défense. L'armée fit face à droite, puis conversa la gauche en avant. Il tourna derrière nous, au lieu de se jeter au delà de nos anciennes limites, et rentra dans les montagnes. Nos cavaliers et les zouaves atteignirent quelques traîneurs.

J'avais été à l'aile marchante avec le capitaine Uhrich jeune, commandant la 2ᵉ compagnie de chasseurs à pied. Mais j'étais à cheval, et mes hommes étaient de vieux Africains, tandis que les siens et lui-même, tout neufs à ces fatigues, en furent accablés. Il refusa de monter mon cheval, afin de donner l'exemple. Mais, le soir, il en acheta un.

On s'arrêta sur l'Oued-Djer, au point où il commence à couler en plaine. Le lendemain, on continua à se rapprocher de nos limites. L'ennemi accourut au passage de l'Oued-Djer et nous attaqua avec une ardeur extrême. Un bataillon de la légion, commandant Poërio, le reçut par un feu de deux rangs qui lui tua du monde : j'étais à sa gauche, et mes obus le secondèrent. L'affaire fut chaude, le capitaine de Saint-Arnaud y fut blessé, et c'est là que le duc d'Orléans craignit un instant d'avoir perdu son jeune et cher officier d'ordonnance. En tout, la journée parut bonne. Seulement, tandis que nous faisions face en arrière, quelques tirailleurs attaquaient l'avant-garde. Uhrich, en évidence sur sa nouvelle monture, y fut atteint d'une balle qui lui creva un œil et s'arrêta entre les os du palais. Il fut nommé chef de bataillon, et je pense qu'il dut cet avancement moins à sa blessure qu'à l'estime qu'il avait inspirée au colonel de Lamoricière. Quelques semaines auparavant, chez le capitaine Maissiat, le colonel s'était fait expliquer par Uhrich toute l'organisation, l'armement, les manœuvres des tirailleurs. J'avais admiré l'air de bonne foi avec lequel il prenait cette instruction nouvelle. Quand nous sortîmes ensemble : « Voilà, me dit-il, un officier qui entend son affaire. » Sans s'en douter, Uhrich avait passé un examen, et, heureusement, il l'avait passé à son honneur.

On campa, la nuit, sur les bords du Bou-Roumi, affluent de l'Oued-Djer. Elle fut troublée par un singulier accident. Au moment où tous les bruits du soir avaient cessé, on entendit s'élever le cri : « Aux armes ! » qui mit tout le camp en émoi : une compagnie accourut à la garde du prince, et tout le monde fut debout en un instant, chacun s'informant de la cause de cette alerte. On reconnut qu'elle était due au cauchemar d'un soldat. Les Arabes assassinèrent deux hommes qui allaient chercher de l'eau, mais n'attaquèrent pas le camp.

Nous étions donc, le 30 avril, revenus presque aux limites du traité de la Tafna, après un coup porté dans le vide. Le maréchal s'était montré sur le territoire ennemi; mais les établissements principaux d'Abd-el-Kader étaient à Miliana, surtout à Taza, Tekedempt, sur le revers sud de la troisième chaîne. L'émir élargissait donc son champ de bataille jusqu'à quarante lieues de la mer, et ne se regarderait pas comme vaincu tant que nous n'atteindrions pas à cette distance. Mais aller jusque-là avec notre lourde armée, sous l'influence des chaleurs qui commençaient, avec les médiocres approvisionnements que nous pouvions traîner avec nous, c'était, jusqu'à un certain point, risquer un désastre, et, à ce risque, le maréchal ne voulait pas associer les princes. Il fallait donc porter plus au sud la base d'opérations. Il résolut, en attendant, de secourir et de ravitailler Cherchell, sa conquête du mois précédent.

CHAPITRE V

EXPÉDITION DE MÉDÉA (SUITE).

Ravitaillement de Cherchell. — Retour à Mouzaïa;
préparatifs de l'attaque du col.

Nous revînmes donc sur la Chiffa. Les Arabes pensèrent que nous reculions définitivement, et Abd-el-Kader, habile à transformer des défaites en succès et en déroutes nos marches en arrière, leur persuada que nous reculions vaincus. Depuis trois jours, l'émir lui-même commandait ses troupes. Il avait fait dire que « tant que le sultan des Français n'avait combattu que par ses lieutenants, il n'avait lui-même envoyé que les siens au combat (nous n'avions eu affaire, en effet, qu'à Berkani et Ben-Allal), mais qu'il avait appris que le sultan, vieux et infirme, se faisait remplacer à la guerre par son fils aîné; que lui, Abd-el-Kader, acceptait cet échange et consentait à combattre le duc d'Orléans ». Celui-ci, du reste, ne se prêtait pas à cette appréciation des choses : il était le lieutenant très-respectueux et très-obéissant du vieux maréchal. Nous le voyions, chaque matin, traverser le camp pour aller rendre visite au gouverneur; ce qui n'empêchait pas celui-ci de supposer, avec quelque apparence de raison, que l'entourage du prince était, pour lui, malveillant et disposé à la critique.

Les Arabes cependant, excités par notre retraite, s'acharnèrent sur notre arrière-garde. J'y étais, le 1er mai, avec les zouaves, qui appelaient ma section « la leur » et aimaient à voir *leur* section marcher avec eux. Plusieurs fois, M. de Lamoricière, faisant un porte-voix de ses deux mains, commanda : « L'artillerie en arrière! » Je faisais demi-tour et j'arrivais, à toute course, sur la ligne des tirailleurs. Les balles pleuvaient sur nous, déjà mal dirigées, je crois, par suite de l'effet moral que produisaient nos obusiers. « Attendez! disaient les zouaves, en nous voyant arriver, on va vous servir! Voici les *gamelles à six*. » Nos obus portaient dans les groupes les plus serrés; quelques chevaux commençaient à courir sans maîtres; les Arabes s'éloignaient, et l'arrière-garde était tranquille pour quelque temps. Une fois, pendant cette retraite, M. de Lamoricière s'élança seul entre les deux troupes. « Voulez-vous sérieusement vous battre? cria-t-il aux Arabes; arrivez, nous vous attendrons. Sinon, restez en paix et cessez de tirer! » Les Arabes s'abstinrent, en effet, de tirer pendant quelque temps; ils l'avaient écouté avec un certain respect, et lui obéissaient. Ses rapports multipliés avec eux, la connaissance qu'il avait de leur langue, en faisaient à leurs yeux un adversaire à part : nous avions eu, du reste, un témoignage plus bizarre de l'estime qu'il leur inspirait. Au mois de décembre précédent, Abd-el-Kader lui avait fait offrir par Ben-Allal, son ancien ami, une solde de 24,000 fr. et la main de sa sœur s'il voulait abandonner le service de la France pour le sien. La lettre avait été renvoyée au maréchal; et je me souviens qu'au 4 janvier, quand l'armée d'Oued-el-Alleg vint à Coléa, le capitaine Lebœuf, l'aide de camp du gouverneur, contait à déjeuner la stupéfaction de Zaccar, l'interprète de l'état-major, chargé de la traduire : « Le colonel, disait Zaccar, n'a donc pas compris? — Si, vraiment! — Et il a refusé! Ah! disait Zaccar en levant les bras au ciel, je savais bien que M. de Lamoricière était vertueux; mais je ne croyais pas que sa vertu allât jusque-là! »

Le duc d'Orléans avait été près de nous pendant la plus grande partie de cette retraite : il remarqua que nous perdions du temps à mettre en batterie, mais qu'ensuite notre feu était bien dirigé. En effet, d'une part, la plupart des chevilles qui fixaient nos limonières à l'affût se faussaient par suite de l'habitude, constante alors pour l'artillerie de montagne, de marcher les pièces attelées. De l'autre, nos obusiers avaient une justesse que j'ai rarement retrouvée et qui paraît se perdre promptement dans ces petites bouches à feu.

La colonne s'arrêta sur la Chiffa, détachant sur Blida quelques troupes qui ramenèrent un convoi. Puis nous retournâmes vers Cherchell. Nous traversâmes la plaine sans trouver d'autre obstacle que les ravins profonds ou marécageux qui la coupent çà et là. Le 3, au soir, nous arrivâmes à El-Arba. Un violent orage avait fait place à une belle soirée, et je ne sais quel sentiment de gaieté universelle parut animer l'armée à la fin de cette marche. Le moindre incident y faisait naître un joyeux désordre. C'était quelque lièvre qui se levait sous les pieds de la colonne et qui, poursuivi à l'instant par tous, cerné par des bataillons entiers de coureurs, étourdi de mille cris, finissait d'ordinaire par être saisi sous un monceau d'hommes précipités à terre autour de lui. Des perdrix quittant à peine leurs nids étaient saisies de même, et le tout était acheté par le cuisinier du prince; mais la chasse la plus commune et la plus émouvante était celle des bœufs qui, de temps à autre, s'échappaient du troupeau que l'administration des subsistances faisait marcher avec l'armée. Poursuivi par tous les fantassins voisins, l'animal perdait la tête et semblait n'avoir plus qu'une idée, celle d'échapper à la meute d'hommes dont la course et les cris l'effrayaient de tous côtés ; bientôt les cavaliers s'en mêlaient, et, malgré l'extrême habileté de nos spahis à manier leurs chevaux, il était rare qu'ils ne fussent pas déroutés par les crochets subits et la course rapide des bœufs. Il fallait en venir à tuer à coups de sabre, et souvent à coups de fusil, la bête fugitive ; et l'on dut défendre de tirer dans l'intérieur du carré des tirailleurs qui enveloppaient l'armée en marche.

A l'arrivée au camp, un incident de ce genre fut sur le point d'acquérir une certaine gravité. Un bœuf s'échappa au moment où l'on se formait et s'enfuit vers le fond de la plaine, très-étroite sur ce point. Il était poursuivi par des zouaves sans armes, qui, peu à peu, se laissèrent entraîner à un kilomètre des lignes. Alors parurent les Arabes, qu'un instinct analogue à celui des vautours amenait toujours là où quelque Français se mettait hors de défense. Heureusement nos soldats, se groupant sans fuir, imposèrent quelques instants aux Arabes. M. de Lamoricière était encore à cheval ; il aperçut le danger de ses hommes, fit sortir la compagnie de piquet, et, prenant les devants avec deux pelotons de spahis, se porta au grand galop au secours des zouaves. Le bœuf fut perdu, mais le colonel ramena tout son monde.

Le lendemain, nous nous rendîmes à l'Oued-el-Achem. La route s'était faite assez paisiblement, et les deux princes avaient, en causant, gagné l'extrême avant-garde, où je me trouvais ce jour-là. Au moment où nous mîmes le pied sur la rive gauche, une fusillade bien nourrie éclata sur la crête des collines qui dominent cette rive. Chacun se tourna vers les princes, paraissant penser que leur place n'était pas à cette échauffourée. Le général Duvivier disposa, avec son calme habituel, pour répondre à la fusillade, deux compagnies du 2ᵉ léger, qui se trouvaient sous sa main. Leur bouillant colonel s'impatienta, partit au galop en enlevant ses hommes, et l'instant d'après, on le voyait suivre la crête, seul à cheval suivi de ses fantassins essoufflés; l'ennemi avait disparu.

C'était une association étrange que celle du général Duvivier et du colonel Changarnier. Le général était lent; ses formes étaient méthodiques; il systématisait volontiers toute chose et la conduite à tenir en toutes circonstances. Parfaitement calme au feu, il convenait mieux aux combinaisons d'un plan d'attaque ou de retraite qu'aux résolutions subites et à l'impétuosité de l'exécution. Son ardent lieutenant l'appelait « l'homme-obstacle ». L'opposition de leurs caractères ne nuisait pas cependant à leur bonne intelligence. Le général s'était, à cette époque, attaché à imiter les indigènes dans leur manière de vivre, leurs habitudes de corps et d'esprit. Il couchait sur une natte, avait compromis sa santé par une sobriété exagérée ; il se plaisait à énoncer des idées fatalistes et gardait toujours ce calme qui n'abandonne l'Arabe bien élevé que dans l'excitation de l'action la plus énergique.

Nous fîmes deux fois de suite le voyage de Cherchell. En y revenant, le 6 mai, nous trouvâmes le commandant Cavaignac dégagé, grâce à son énergie et à notre arrivée, de dangers très-sérieux. Pendant quatre ou cinq jours, El-Berkani, à la tête de 5,000 à 6,000 habitants du pays, avait assailli sans relâche le 2ᵉ bataillon léger. Déjà Cavaignac avait conquis toute la confiance de ses hommes. Il tint la campagne, sortant tous les jours et voyant monter le moral de ses soldats. Il gagna là ses épaulettes de lieutenant-colonel. Il vint au-devant des princes, qui l'accueillirent avec distinction. Nous, les nouveaux-venus, nous nous empressâmes pour le voir. C'était, dans l'opinion générale, un des hommes éminents de l'armée.

Le 11 au matin, l'ordre avait été donné de quitter Bordj-el-Arba à quatre heures. Cependant le camp ne fut levé qu'à sept heures. Je retrouve dans mes notes, à la date du 2 juin, l'explication de ce retard. « C'est le prince, me disait le capitaine Leflô, qui a exigé qu'on passât le col. » Je m'en doutais. — Oui, à Bordj-el-Arba, vous vous en souvenez, on mangea la soupe à quatre heures; puis, l'ordre du départ se fit attendre jusqu'à sept heures. J'étais allé me chauffer au feu du général Duvivier, qui se trouvait à la gauche de notre régiment, ses chaouchs mêlés à nos ordonnances. On vint chercher le général de la part du prince, et je fus rejoint près du feu par le colonel Changarnier. Au bout d'une demi-heure, le général revint. « Nous passons le col, dit-il ; le prince l'exige absolument. Le maréchal a eu la faiblesse de céder. Je suis bien fâché de n'avoir été appelé qu'après la décision prise. Peut-être mon expérience, mon ancienneté en Afrique m'auraient donné assez d'autorité pour me permettre de combattre avantageusement un projet que je considère comme funeste. » — Après quelques instants, la conversation devenant plus intime entre le colonel et le général, je me retirai. Mais j'avais compris que le projet primitif était de se porter par Sidi-Rhiari sur le Chélif.

J'ai dit qu'en effet le maréchal était embarrassé de la présence des princes. Malgré l'extrême déférence qu'ils avaient le bon goût de lui témoigner, leur présence nécessitait un partage de l'autorité morale. Elle fut, en réalité, utile à l'armée d'Afrique, et valut à elle et à la conquête qu'elle gardait, plus d'attention et de bienveillance de la part du gouvernement. Cependant, je pensai alors que la présence des princes n'était bonne à l'armée que quand ils y exerçaient vigoureusement le commandement en chef, comme Condé à Rocroy, non comme le duc de Bourgogne à Oudenarde. Depuis, le duc d'Aumale a fourni des arguments à cette théorie. Quoi qu'il en soit, à ce moment, les princes désiraient, je crois, quitter l'armée après avoir assisté à une action décisive. La marche sur Miliana était une manœuvre sans action nécessaire, puisque les défenses de l'ennemi étaient accumulées au col. Le lendemain, je témoignais à Lebœuf le regret qu'on ne s'en fût pas tenu au premier plan. « Pourtant, lui disais-je, quel est, dans ce moment, le but de la campagne ? Un bulletin. — Oh ! positivement. — Eh bien ! nous l'aurons au col plus classique et plus sûr qu'ailleurs. »

Quoi qu'il en soit, nous reprîmes un chemin bien souvent parcouru, longeant à quelque distance les collines du Sahel. Un rassemblement assez nombreux se montra sur leurs pentes. J'allai demander au colonel de Lamoricière s'il ne trouverait pas à propos qu'on tâchât de l'enlever. « Nous avons, lui disais-je, la cavalerie d'Afrique en avant et celle de France en arrière. Un à-gauche au galop les portera des deux côtés de l'ennemi ; l'armée marchera en bataille du même côté. Les tribus du Sahel, prises entre ce fer à cheval et la mer, se trouveront à notre discrétion ; et peut-être qu'Abd-el-Kader, en essayant de nous faire lâcher prise, nous fournira cette occasion de combattre vainement cherchée jusqu'à présent. » Le colonel, puis le prince, goûtèrent cette idée. Mais le maréchal refusa d'y donner suite, dédaignant sans doute l'insolente témérité du défi qu'impliquait l'attitude des habitants du Sahel. Du reste, Lebœuf me dit le soir que des marais nous séparaient de l'ennemi. — Mais cet épisode est un détail sans importance.

Le soir, on campa à l'Haouch-Mouzaïa, ferme ruinée qui avait appartenu au beylick. Il n'y restait que quelques pans du mur. Un incident avait attristé cette marche : le capitaine Munster, l'officier d'ordonnance et l'ami du duc d'Orléans, atteint d'une fièvre pernicieuse, avait voulu cependant suivre l'armée. Il n'eut pas la force de tenir son cheval au passage d'un des ruisseaux à bords abrupts qui coupent la Mitidja ; il tomba dans l'eau, et son mal s'en aggrava. On le laissa à Mouzaïa, à l'ambulance — bien dépourvue ! — que dirigeait le chirurgien-major Ceccaldi.

Avant de parler de l'attaque du col, il convient de décrire le terrain sur lequel se passa l'affaire.

Médéa est, à peu près, sur la ligne de séparation des bassins du Chélif et de la Chiffa. Cette ligne, à une lieue au nord de la ville, devient très-basse et très-étroite. Entre deux vallons abrupts et profonds, celui de la Chiffa à l'est, à l'ouest celui d'un petit affluent du Chélif, est un plateau de peu d'étendue, dominé de toutes parts et que couvre en entier un bois d'oliviers. Là commencent deux bassins adossés :

celui du Chélif s'ouvre progressivement et se continue jusqu'à Mostaganem ; celui de la Chiffa tourne brusquement au nord à une lieue du bois, et traverse l'Atlas par une étroite coupure de quatre lieues de longueur, dont les bords abrupts, le lit de rochers entassés, n'ouvraient alors aucun chemin praticable.

Entre le bois des Oliviers et l'Haouch-Mouzaïa, il fallait donc bien franchir la grande chaîne. On la passe, à une sorte d'ouverture dans sa crête, au col de Mouzaïa, élevé lui-même de 940 mètres au-dessus de la mer ; puis on descend dans la plaine par un vallon qui aboutit au Bou-Roumi. Entre ce vallon et la Chiffa s'élève le contre-fort de Mouzaïa, de 1,100 à 1,400 mètres de hauteur, s'avançant au-dessus de la plaine comme un cap énorme que l'on contourne pour aller de l'Haouch-Mouzaïa à la Chiffa, puis à Blida.

Abd-el-Kader occupait, aussi solidement que le permettait la nature de ses troupes, la crête comprise entre ce cap et le col. L'escalade de l'Atlas avait toujours été une opération grave. Mais, cette fois, les chrétiens devaient y périr jusqu'au dernier. Des ouvrages grossiers, des redoutes en pierres entassées protégeaient et fixaient les défenseurs de la position. Au promontoire même, une de ces redoutes, suspendue sur d'infranchissables rochers, n'était abordable que par le sud. Le col était armé de pièces d'artillerie, et, d'autre part, il était impossible de suivre la route sans être maître de cette crête, qui la domine et écraserait, fût-ce avec des pierres, une armée engagée sur l'étroite corniche qui la termine du côté du col.

CHAPITRE VI

ATTAQUE DU COL. — AMBULANCE DE MOUZAIA.

Dans la nuit on fit les dispositions pour l'attaque. La division du prince dut en avoir les honneurs. Elle était composée de la brigade d'Houdetot, comprenant les zouaves avec les chasseurs, le 23e (colonel Gueswiller) et la batterie Conrot, à laquelle j'appartenais, et de la brigade Duvivier, formée du 2e léger et du 24e de ligne. Le général Duvivier, ayant le 2e léger en tête, dut aborder la crête par le nord et la parcourir dans toute sa longueur. La brigade d'Houdetot se partagea : les zouaves accompagnèrent le 2e jusqu'aux premiers escarpements, puis durent se jeter à droite, prolonger la gauche de l'ennemi jusqu'au point où la route s'en rapprochait, et se jeter alors dans le flanc de sa longue ligne. Le 23e dut aborder le col par la route. Le général de Rumigny fut destiné à commander sur la route à peu près en face du centre de la ligne arabe, prêt à soutenir l'attaque ou à protéger la retraite : seulement, l'artillerie de montagne du prince fut mise de côté comme n'ayant pas assez de puissance pour battre le col ; en effet, on ne pouvait trouver d'emplacement à gauche de la route qu'à 1,200 ou 1,500 mètres, et la grosse artillerie de la réserve (les pièces de 8 du capitaine Sainte-Foix) pouvait seule envoyer à cette distance ses projectiles avec une suffisante justesse. — Mais j'eus la bonne fortune d'être détaché avec ma section aux ordres du général de Rumigny, et d'arriver ainsi au premier rang des spectateurs.

Cette journée fut pour nous pleine d'émotions. Sans que le temps fût mauvais, le ciel avait beaucoup de nuages qui nous dérobaient fréquemment la vue de la crête. Nous montâmes assez lentement jusqu'à deux heures de l'après-midi, tantôt marchant, tantôt arrêtés, n'ayant affaire qu'à des tirailleurs en petit nombre, qui ne donnaient ni émotion, ni distraction. Quand les nuages s'ouvraient, nous voyions les Arabes des redoutes agiter, avec des acclamations, quantité de drapeaux. Nous connaissions assez vaguement le plan du maréchal ; pourtant nous savions tous que l'attaque devait se faire sur la crête à notre gauche, par le 2e léger. M. de Rumigny s'avança autant qu'il le put faire ; quand le maréchal, le jugeant trop aventuré, lui envoya l'ordre d'arrêter, j'étais près de lui, et, peu à peu, les soldats de la réserve se pressaient autour de nous. Les gendarmes maures du capitaine d'Allonville faisaient la police des ravins, et leur brave chef, dévoré d'impatience, épiait comme nous, dans la fièvre de l'attente, tous les bruits de cette crête, que les nuages dérobèrent bientôt à nos yeux. — Le canon des Arabes tirait, hors de portée du reste, et à titre d'encouragement pour eux.

Non, je n'oublierai jamais la commotion qui nous mit tous debout, le cri qui souleva toutes ces poitrines oppressées, quand, du sein des nuages, une fusillade épouvantable, éclatant tout à coup, vint nous apprendre que le colonel Changarnier abordait le promontoire extrême de Mouzaïa. Une fois le combat engagé, il semblait que toute inquiétude dût cesser; que nulle fatigue, nulle résistance, ne dussent plus arrêter nos braves camarades. Cependant, chacun se reprit bien vite à écouter avec anxiété, à interroger la marche de la fusillade et l'attitude des Arabes dans les parties de la ligne que découvraient les déchirures des nuages.

Cependant les rangs, pressés sur la route, s'ouvrirent, et le colonel de Lamoricière parut, descendant d'un pas ferme et rapide; je voulais l'aborder, lui souhaiter une heureuse chance : je reculai devant l'espèce de tranfiguration qui éclairait son visage; je ne voulus pas distraire l'intuition puissante, l'énergique résolution qui semblaient l'enlever à tout ce qui n'était pas son but. — Sur ses pas se pressaient les commandants Renault et Regnault, des zouaves, et Grobon, du 1er chasseurs de Vincennes. Je serrai la main de ce dernier.

Immédiatement après nous avoir dépassés, la colonne des zouaves fit un à-gauche et commença à gravir une pente assez roide, sans accident, qui se continuait jusqu'à la grande redoute du centre ennemi. Avant qu'ils y fussent parvenus, les nuages nous les avaient cachés. Mais, déjà l'attaque gagnait le long de la crête. On put comprendre, au bruit, que les deux colonnes arrivaient presque en même temps à la redoute. Les marches du 2e léger et des zouaves retentissaient incessamment, mêlées aux cris : « A moi ! En avant ! » répétés par des voix que je reconnaissais. La certitude du succès, l'admiration pour nos braves camarades nous faisaient alors joyeux et légers de cœur autant que nous avions été, le matin, oppressés par l'inquiétude et les prévisions sombres que nous refoulions avec peine.

Derrière les zouaves, nous avançâmes encore jusqu'à 1,800 mètres environ du col. J'occupai un petit plateau qui dominait le profond ravin à droite de la route. Le reste de la batterie Conrot m'y joignit plus tard ; à deux cents pas en arrière, le général de Rumigny occupait, de même, un étroit mamelon à droite de la route. Une dizaine d'Arabes, embusqués dans des rochers au-dessous de nous et que le feu de nos mousquetons ne put pas déloger, nous envoyaient des balles. Vers le soir, le général eut la cuisse traversée : il fut transporté au col sur les bras des soldats.

Cependant, après une halte de quelques instants, le 2ᵉ et les zouaves recommençaient l'attaque, et se prolongeaient vers le col. Les canons de l'émir avaient disparu. Les pièces de campagne arrivèrent sur la route, nous dépassèrent, tournèrent à gauche et se mirent en batterie sur une sorte de plateau qui précède immédiatement la partie du chemin que j'ai désignée sous le nom de corniche. Leur premier coup me fit battre des mains; il avait été répété par vingt échos avec un bruit formidable, comme celui d'un orage dans les montagnes. Les projectiles arrivèrent sur le col, avec cette justesse qui nous faisait porter envie à l'artillerie de campagne toutes les fois qu'elle parvenait à se mettre en batterie. Leur effet porta le dernier coup au moral des Arabes : nos lunettes nous montrèrent, au lieu des défenseurs triomphants du matin, quelques hommes de plus en plus rares et dans un désordre qui augmentait sans cesse : — puis la scène resta vide un instant; — puis un chasseur du 1ᵉʳ, quelques zouaves, une douzaine d'officiers des trois corps descendirent de la haute crête comme une avalanche, et furent salués de nos vivats. Après s'être montrés à nous, ces braves gens se couchaient à terre : ils étaient évidemment exténués de fatigue, et la fatigue, sans doute, avait tenu un peu en arrière les soldats du 2°, auxquels était échue la plus rude tâche de cette journée.

La colonne Gueswiller arriva presque en même temps au col avec le maréchal et le duc d'Orléans. On m'a dit que le maréchal était ému jusqu'aux larmes en serrant les mains des colonels de Lamoricière et Changarnier. On m'a conté encore l'anecdote suivante, comme caractérisant assez bien quelques-uns des hommes chers à l'ancienne armée d'Afrique.

Quand le prince félicita successivement le général Duvivier et les deux colonels, le premier lui répondit par un assez long discours sur la fatalité qui a marqué le terme de nos jours, indépendamment des périls auxquels nous nous croyons exposés par telle ou telle résolution. La mort sait atteindre le lâche qui fuit comme le brave qui court au danger. Il ne faut donc obéir qu'à l'honneur, au devoir!

Le colonel Changarnier parla de son hostilité passée au régime actuel, et déclara qu'il y renonçait pour ne plus songer qu'à servir le pays.

Le colonel de Lamoricière proposa de faire battre un roulement par tous les tambours pour indiquer à l'armée qu'on était maître du col sans contestation.

Depuis, j'ai incessamment interrogé sur les détails de cette affaire les officiers du 2ᵉ et des zouaves que j'ai pu rencontrer. J'ai trouvé chez tous ceux du 2ᵉ un sentiment profond d'admiration pour leur intrépide chef. Le soir, l'un d'eux me disait : « Le colonel Changarnier tué ou blessé, l'affaire était douteuse ! » Je ne le crois pas ; mais la valeur décisive de ce seul homme était réelle au moins sur le point où il commandait. Il était l'âme de mille braves gens que sa résolution enlevait !

Suivant ce que me conta, quelques jours après, le capitaine Leflô, au moment où le 2ᵉ léger, les voltigeurs et le colonel en tête, arriva à hauteur de la première redoute, il fut, pendant un certain temps, protégé par les nuages qui l'enveloppaient, et put, sans être vu, sans être atteint gravement, se prolonger le long de l'escarpement en le laissant à droite ; mais avant qu'il eût ainsi joint la crête au delà de la position, les nuages se déchirèrent ; la fusillade, qui nous donna le signal de l'attaque, éclata, et près de 150 hommes furent atteints en peu d'instants. Le colonel, en voyant tomber ses hommes, fut pris d'une sorte de désespoir ; il se jeta sur la pente abrupte qui menait droit à la redoute, en criant : « A droite ! à droite ! » Le capitaine Leflô se jeta après lui, le conjurant de continuer le mouvement qui devait nécessairement faire tomber la position de l'ennemi. En effet, celui-ci céda en voyant sa retraite menacée.

Quand les zouaves et le 2ᵉ se joignirent, ils s'arrêtèrent dans le brouillard au milieu des arbres, et les amis des deux corps commençaient à deviser des événements de la journée, quand la fusillade éclata près d'eux. Chacun se mit derrière un arbre, sauf le colonel qui se prit à dire : « Attendez, mes drôles ! nous sommes à vous. » Puis, se retournant, il vit son monde embusqué dans les arbres : « Qu'est ceci ? dit-il, je ne reconnais pas mon brave 2ᵉ léger ! » Tout le monde sortit, et la poursuite continua, de si près, au reste, que le capitaine ***, qui commandait les voltigeurs du 1ᵉʳ bataillon, fut tué et décapité à quelques pas de ses hommes : le brouillard le leur cachait.

Le 24ᵉ resta un peu en arrière avec le général Duvivier, et le 2ᵉ marcha si vite, que l'attaque des zouaves fut loin d'avoir l'utilité qu'on en devait attendre. Voici ce que je retrouve sur ce point, à la date du 2 juin :

« Souvent, depuis dix jours, nous avons causé de l'enlèvement du col, et j'ai tâché de juger l'affaire avec le plus d'exactitude possible, en ajoutant mes propres souvenirs aux récits du 2ᵉ léger. Je crois qu'il y a eu erreur sur les distances ou sur les vitesses, et je vois là une preuve, après mille autres, de la difficulté de combiner des mouvements hors de vue. Les zouaves sont arrivés un peu trop tard, ou plutôt le 2ᵉ est arrivé trop tôt ; et, en effet, le capitaine Leflô était étonné, ce soir, quand je lui décrivais le chemin parcouru par les zouaves. Il y a là un abominable ravin sur lequel on semble n'avoir pas compté. Les deux corps partaient de positions à peu près à même hauteur. Le 2ᵉ avait à s'élever encore : les zouaves furent obligés de descendre jusqu'à nous, de franchir, en suivant la route, le ravin dont j'ai parlé, pour se jeter ensuite à gauche et gravir une pente extrêmement roide que couronnent des bois. Pour effectuer ce long mouvement qui les amenait dans le flanc de l'ennemi et vers un des points de sa plus grande résistance, on ne leur donna pas assez d'avance. Le général Duvivier fit reconnaître leur marche par MM. Drolenvaux et Leflô, et quoique ces deux officiers n'eussent pu en avoir de nouvelles, il ne voulut pas dépasser l'heure convenue et se porta en avant. Bien du sang eût été épargné, sans doute, et un plus grand résultat obtenu, si la première attaque, au lieu d'être isolée, eût été appuyée par un mouvement des zouaves sur la ligne de retraite des défenseurs du premier ouvrage, dont la conquête coûta si cher à la colonne des crêtes.

Le soir même, je fus envoyé, avec Princeteau, à la recherche de deux petites pièces que l'ennemi avait, disait-on, jetées dans des ravins. La nuit rendit cette recherche inutile. Le lendemain matin, je gravis jusqu'à la redoute où les zouaves avaient joint le 2°.

Je trouvai, à demi enterré dans le fossé, le corps d'un pauvre sergent de zouaves qui, ayant reçu la veille, des mains du prince, son brevet de sous-lieutenant, avait cependant voulu se joindre encore, pour cette affaire du col, à ses anciens camarades. Il avait été tué là, heureux, sans doute, de mourir au sein de cette immense joie d'ambition satisfaite et dans l'élan d'une attaque victorieuse. Le 2° était bien plus maltraité : il perdit cinq officiers, et huit étaient atteints plus ou moins gravement. Le colonel avait une épaulette coupée, une autre balle avait traversé sa capote en labourant la poitrine. Son bonheur dura longtemps, et les balles le respectèrent presque toujours.

Ce jour-là, 13 mai, je le rencontrai marchant sans chaussure. La marche de la veille avait gonflé ses pieds, et il n'avait trouvé, me dit-il, que ce moyen de circuler dans le camp. Son visage, du reste, rayonnait de joie, et c'était vraiment à bon droit !

Un convoi porta, le jour même, une partie des nombreux blessés de la veille à Mouzaïa, entre autres les généraux Marbot et de Rumigny, qui avaient passé la nuit dans la tente du duc d'Orléans, l'ordre ayant été donné de monter au col avec le moins possible de bagages. Le 14, un autre convoi, dont je commandais l'artillerie, mena le reste des blessés à l'ambulance. Il était sous les ordres du colonel Bedeau. Les officiers du 2ᵉ m'avaient chargé de leurs amitiés pour leurs camarades, et j'avais à porter au capitaine Munster celles du prince et des officiers d'artillerie. Le pauvre homme n'était plus en état de m'entendre; je le trouvai couché entre deux murs dans l'espace desquels on avait tendu une couverture pour le préserver du soleil; il était à demi vêtu et reposait sur de la paille. Il ne me reconnut pas et me sembla mourant. Toutefois, il se releva quelques jours après et fit assez gaiement le voyage d'Alger, dans une voiture, qu'il partageait avec le commandant Grobon, puis retomba et mourut à l'hôtel de la Régence.

C'était une pauvre ambulance que celle de Mouzaïa! Le chirurgien-major Ceccaldi disposait, pour toute ressource, de deux tentes à seize hommes et d'une marmite pour soixante portions. Il m'a conté depuis, à Constantine, que ces marmites étaient sans cesse pleines pour fournir à 500 malades un bouillon à peine coloré. J'ai dit ce que valait la meilleure place donnée au capitaine Munster. Les deux tentes étaient attribuées, l'une aux généraux Marbot et de Rumigny (le premier avait eu le genou dénudé par le ricochet d'une balle); sous l'autre étaient le commandant Grobon et les officiers du 2ᵉ. Je fis à ces derniers une assez longue visite ; ils supportaient les douleurs avec une fermeté digne de celle qu'ils avaient montrée dans le combat. J'ai rarement vu plus de résignation et de dignité dans ces asiles de douleur, bien qu'en général les soldats de cette armée, habitués à braver la mort sous toutes les formes, la vissent venir toujours avec un sang-froid, une gaieté même qui étonneraient dans les conditions habituelles de notre civilisation. J'ai vu depuis l'ambulance de Blida, l'hôpital du Dey. On y plaisantait, on y avait de l'esprit jusqu'à la dernière heure, et cet autre courage remplaçait l'animation et l'éclat du champ de bataille.

CHAPITRE VII

PRISE DE MÉDÉA.

Nous remontâmes le même jour au col.

Le lendemain, on commença à descendre vers le bois des Oliviers, tantôt cheminant sur la vieille route turque ou romaine pavée même dans quelques endroits; tantôt s'arrêtant pour laisser aux travailleurs aux ordres des colonels de Bellonet et Charron le temps de pratiquer un passage pour l'artillerie de campagne, qu'on jugeait nécessaire d'amener à Médéa. Le travail le plus considérable eut lieu à partir d'un rocher tout coloré par le minerai de cuivre, pour le passage d'un ravin profond, que l'on contourna par sa source au moyen de corps d'arbres soutenant un chemin en corniche, roide, et n'offrant de passage qu'à une voiture. Nous aurons à reparler de ce dangereux défilé.

Le général Duvivier était en avant, ayant sous ses ordres le 2ᵉ bataillon de zouaves. Le duc d'Aumale m'apporta l'ordre de le rallier avec ma section au bois des Oliviers. Je le trouvai observant, avec le 24°, les versants des deux vallées opposées. Quelques Arabes paraissaient sur les pentes du Nador, au sud du bois. Le général me fit fouiller avec des obus les plis de terrain qui pouvaient cacher des ennemis. Pendant ce temps, le 1ᵉʳ bataillon des zouaves était engagé à notre gauche sur les berges de la Chiffa : la fusillade, d'abord presque insignifiante, s'échauffa peu à peu, et M. de Lamoricière, faisant un porte-voix de ses deux mains, cria : « Le 2ᵉ bataillon au secours du 1ᵉʳ ! » Chaque soldat se jeta sur son arme ; le commandant Renault rallia son monde et courut au feu. Je feignis de prendre aussi l'ordre pour moi, et mes obusiers couraient déjà sur les pentes quand le général me rattrapa, tandis que son aide de camp Lorgeril atteignait ma deuxième pièce ; il me fit essuyer un long sermon sur la nécessité d'avoir du sang-froid et de ne pas se départir de son calme. Je l'écoutai avec le respect qu'inspiraient à tous son courage et ses services, malgré la disposition un peu pédantesque de son esprit.

L'instant d'après, l'arrière-garde nous rejoignait : il fallut se disputer les places pour camper dans cet étroit espace. Avant que je ne fusse descendu de cheval, je vis revenir les zouaves : quelques-uns portaient un blessé ; j'y courus, devinant que ce devait être un officier. Je trouvai le capitaine Blangini supportant, avec sa fermeté ordinaire, une blessure « qui le brûlait cruellement, me dit-il, et qui pouvait être grave : une balle l'avait traversé à la hauteur du bas-ventre ». Je le quittai pour installer mes hommes ; mais, aussitôt ce devoir rempli, je courus à sa tente. Il était couché sur un lit d'ambulance entouré de huit à dix chirurgiens ; le docteur Pasquier, qui avait accompagné le prince et s'associait à son active sollicitude pour les blessés, sondait la plaie. Le capitaine, la main sur son front, restait immobile et silencieux. Comme j'arrivais, le docteur se releva, et montra la sonde à ses confrères : « Vous voyez, messieurs, dit-il ; allons, capitaine, vous devez un beau cierge à la Vierge : il y avait neuf chances sur dix pour que cette balle fût mortelle ; mais, dans sa course de 20 centimètres, elle n'a atteint rien d'essentiel ; ce ne sera qu'un grand séton. — Bon ! dit le capitaine avec son accent corse, donnez-moi un cigare. — Oh ! Blangini, s'écriait avec une sorte d'indignation le sous-intendant Darricau, son ancien camarade, vous ne pensez pas à votre femme ! — Ah ! elle sait qu'elle a épousé un soldat, et elle connaissait les chances à courir ! » Chacun le félicita avec une joie sincère, d'autant que nous le savions très-heureux de son récent mariage. Plus tard, il fut rapporté à bras de Médéa. C'est ainsi qu'on rapporta à Blida le lieutenant Guyon, du 2ᵉ. Mais, plus heureux que ce pauvre jeune homme,

M. Blangini s'est guéri, et a parcouru depuis une belle carrière.

Le lendemain, on commença à s'élever sur les pentes du Djebel-Nador, en laissant à gauche la sommité principale. Les combats de la route furent insignifiants; mais après 10 kilomètres environ, nous nous vîmes devant le grand aqueduc, qui, dans un temps plus propice, amenait l'eau à Médéa. Du côté opposé à la ville, des jardins et des maisons, échelonnés en amphithéâtre, couvraient le revers du Nador. Ils étaient garnis de fusils. C'est contre cette position, qui dominait la ville, que fut dirigée l'attaque. Deux colonnes l'assaillirent, et mes deux petites pièces durent marcher au centre. L'artillerie de campagne avait mis ses sept pièces en batterie sur un petit plateau derrière nous et près de la ville. La charge sonna, et tout s'élança à la fois, protégés que nous étions par le feu continu des pièces de campagne, dont l'effet avait quelque chose d'enivrant. Les boulets et les obus, ronflant sans interruption au-dessus de nos têtes, excitaient chez tous une fiévreuse ardeur. Mes canonniers marchaient aussi vite que l'infanterie à travers des murs de jardin, des escaliers qui ne les arrêtèrent pas un instant. Il est vrai que ces murs étaient en terre et que le sous-officier Marchand, les secouant de ses robustes mains, en faisait tomber un pan à chaque effort; puis le conducteur enlevait son mulet, les servants portaient presque la bête et la pièce, et l'obstacle franchi, tout reprenait sa course. Nous arrivâmes à la crête : l'impétuosité de l'assaut et la protection des boulets qui nous devançaient au milieu des Kabyles nous avaient préservés de toute perte grave. L'ennemi avait disparu; mais, dès la veille, Abd-el-Kader avait fait évacuer et saccager la ville. Nous ne trouvâmes à Médéa qu'une vieille femme idiote et un malheureux qui, soupçonné d'avoir vendu des bœufs aux Français, avait été puni de cette communication avec les roumis par 400 coups de bâton, dont l'effet l'obligeait à se tenir sur le ventre; il offrait en vente quelques fruits, et il confirma les inductions que nous tirions de l'état de la ville. Abd-el-Kader avait compris qu'une population urbaine donnait une valeur à des positions qu'il ne pouvait nous disputer; qu'elle avait le besoin et l'amour de la paix et qu'elle nous fournirait nécessairement des auxiliaires. Il avait donc fait le vide à Médéa comme à Cherchell, condamnant désormais les malheureux Hadars à la vie errante, à la misère ou aux armes. Le général Duivier fut nommé gouverneur de Médéa et chargé de garder la ville avec le 23ᵉ et un bataillon de la légion; il dut la mettre en état de défense. Il avait, pour une pareille besogne, d'éminentes qualités : une fermeté à toute épreuve, l'amour du travail et des souvenirs d'excellent officier du génie.

Le 17 mai, comme j'allais voir mes amis les zouaves, ils me dirent qu'ils allaient escorter le maréchal dans une reconnaissance, et me proposèrent d'être de la partie. Je ne demandais pas mieux : je partis à pied avec eux, et nous nous dirigeâmes droit au nord, laissant à l'ouest le Nador, que nous avions laissé à l'est en arrivant. Je me rappelle la surprise que j'éprouvai quand, après trois quarts d'heure à peine, je me vis en face d'une large trouée qui laissait apercevoir la mer et les parages de Coléa. A nos pieds la Chiffa, venant du bois des Oliviers, coulait dans une assez large vallée qui tournait brusquement au nord, ouvrant en face de nous un étroit sillon dans la chaîne qu'on nommait le grand Atlas. Dans cette coupure, les rochers s'accumulaient au loin; les berges étaient escarpées et de plus de 1,000 mètres de hauteur. Pourtant, n'était-ce pas là le chemin tracé par Dieu lui-même, pour venir de la Mitidja au bois des Oliviers, et de là au Chélif? Quelles que dussent être les difficultés du travail, fallût-il creuser à la mine une galerie de quatre lieues, la conviction s'établit dans mon esprit que nous devions, à tout prix, construire là une route qui, mettant Médéa à quelques lieues de Blida, remplacerait, par la rapidité de la communication, le tracé plus militaire de Mouzaïa. Sous tous les autres points de vue, les avantages de cette nouvelle route seraient incomparables.

Pendant les trois jours que nous passâmes à Médéa, les corvées fournies par l'armée mirent la garnison en position de se défendre et d'attendre notre retour.

CHAPITRE VIII

RETOUR DE MÉDÉA. — RETRAITE DU 20 MAI.

Le 20, nous quittâmes la place pour revenir sur nos pas; or, un mouvement rétrograde était toujours pour Abd-el-Kader l'occasion d'un bulletin de victoire : « Nous avions subi d'énormes pertes; il fallait achever de nous anéantir; les attaques d'ailleurs réussissaient, puisque nous reculions! » Notre arrière-garde fut donc rudement harcelée jusqu'au bois des Oliviers. Quand elle abandonna les dernières crêtes pour descendre sur le bois, le maréchal, qui jusque-là montrait peu de souci de ces attaques, commença à s'inquiéter de la chaleur qu'elles semblaient prendre; d'ailleurs, nous étions parvenus avec lui sur le revers nord, et de là on voyait très-bien les Arabes, toujours plus nombreux, se précipiter avec une fureur qu'on ne leur avait pas encore vue sur le 17ᵉ léger, colonel Bedeau, qui marchait le dernier. Les 48ᵉ et 15ᵉ léger, les 5ᵉˢ hussards et chasseurs de France, la section de Bossu formaient le reste de cette arrière-garde, commandée par le général de Dampierre. Cependant le maréchal jugea que ces troupes suffisaient, et ne renvoya en arrière que ma section. Encore le général de Lahitte me recommanda-t-il de ne pas m'engager sans nécessité absolue et de ne pas disputer à mon camarade l'honneur de son poste. Je m'arrêtai dans le bois; je prévins le général de Dampierre de mon arrivée, et j'envoyai deux de mes mulets à Bossu, auquel les munitions allaient manquer.

Bientôt après, l'arrière-garde elle-même se disposa à évacuer les positions qui avaient protégé le retour de l'armée. Celle-ci disparaissait peu à peu dans le long sentier qui conduit au col. Le général de Dampierre renvoya la cavalerie qui devait être inutile dans ce terrain si accidenté, et me fit dire de la précéder. Je répondis que je pourrais être plus utile qu'elle, et je la laissai passer. Je restai en arrière avec les gendarmes maures du capitaine d'Allonville.

Au nord du bois des Oliviers, et immédiatement avant l'entrée du sentier de la montagne, le terrain se resserre en un isthme d'une trentaine de pas, puis se relève en s'épanouissant encore et forme un petit plateau dénudé. Du côté de l'est, une butte de quelques mètres, plantée de rares broussailles, en couvre un peu l'entrée. En arrivant là, je trouvai nos cavaliers arrêtés sur ce petit plateau. On ne pouvait passer qu'un à un dans le sentier qui remontait la montagne, et nous avions 1,500 mulets et autant de chevaux. Le défilé tenait donc au moins deux lieues en longueur : il dura six heures !

Les hussards et chasseurs s'étaient serrés de façon à couvrir le plateau : je m'arrêtai à la petite butte; mes hommes et l'un de mes obusiers furent placés derrière; l'autre obusier fut mis à gauche de la butte, en batterie. Moi-même, prévoyant une longue attente, et craignant que le moral de mes hommes n'en fût atteint, j'allai m'asseoir sur la butte, tournant le dos à l'ennemi. Bien des balles labourèrent le sol et cassèrent des branches autour de moi; mais on me tirait de haut et d'assez loin; je ne fus pas atteint, et, d'ailleurs, je trouvai que mes canonniers étaient, comme toujours, sans peur et sans tristesse, bien que l'exiguïté de nos approvisionnements nous obligeât à recevoir le feu sans y répondre.

Cependant l'arrière-garde avait été prévenue qu'il fallait tenir ferme et que le passage ne lui serait pas livré avant quelques heures. Le colonel Bedeau dut prendre position dans ce terrain très-défavorable et s'y fixer obstinément. Il le fit avec le dévouement et l'énergie qui sont dans son caractère; mais il subit des pertes cruelles. J'ai dit que le bois est dans une dépression de la ligne de séparation des versants : il est donc dominé de toutes parts, en avant, en arrière et des deux côtés. Seulement l'armée française occupait le côté nord, et les hauteurs latérales, séparées du bois par la Chiffa et l'Oued-Harbène, en sont à grande portée; mais ces hauteurs et les pentes du Nador étaient garnies d'indigènes. Les longues files noires des fantassins réguliers ténaient l'attaque au plus près des Français et y mettaient un ensemble et un acharnement que n'ont pas d'ordinaire ces armées de tirailleurs.

... Bientôt je les vis gagner des deux côtés, sur les crêtes de Mouzaïa et des Soumata. A l'ouest, la colonne française ne se flanquait pas, si ce n'est à moitié de la montagne. A l'est, elle se retirait peu à peu, et les indigènes s'avançaient comme des chiens fous. De temps en temps j'allais pointer sur la tête de leur attaque l'obusier que j'avais en batterie : trois ou quatre obus les calmaient pour un moment et donnaient à nos fantassins le temps de respirer. Les hussards eurent bien des blessés devant moi. Ils s'écoulèrent enfin et disparurent dans le sentier. Peu à peu les soldats du 48ᵉ et du 15ᵉ léger avançaient un à un à travers les broussailles. Le brave d'Allonville avait jeté ses gendarmes maures sur les pentes des deux côtés. Il vint à moi et me serra la main, me disant qu'il était désolé de me laisser dans le péril, mais que ses gendarmes n'étaient pas à leur place dans ce service d'infanterie. Cela était vrai; et je lui dis adieu avec plus de gaieté qu'il n'en montrait; ce qui était naturel, puisque c'était lui qui partait. Ses habiles cavaliers eurent bientôt disparu dans les broussailles. Je restai seul avec ma section entre la montagne et le bois.

Plusieurs fois je montai à cheval et traversai le plateau pour aller voir si le sentier était libre. Enfin, je réunis mes hommes et partis à mon tour. Jusqu'au premier détour nous marchâmes à grands pas; mais bientôt je trouvai la queue de la colonne, et il fallut me traîner à sa suite. L'armée formait une ligne continue depuis le col jusqu'au bois. Mais on marchait par le flanc, et cette ligne n'était pas, tant s'en faut, en état de défense dans toute sa longueur. Des cavaliers forcés d'aller au petit pas, des mulets allant chercher ou ramenant des blessés, ceux mêmes qui portaient mes munitions, formaient autant de points faibles aisément attaquables. Le sentier remonte la berge gauche d'un ravin aboutissant à l'Oued-Harbène. Ce ravin va en se resserrant, et des postes français dominaient sa source. Sur la rive droite, les indigènes s'arrêtèrent longtemps pour ne pas se compromettre avec l'infanterie, solidement établie sur cette crête, et se contentèrent de tirer sur la colonne à travers le ravin. Mais les réguliers étaient descendus dans le ravin même, et, s'attachant à profiter de tous les accidents de terrain, avaient attaqué, puis tourné même le bois des Oliviers et notre arrière-garde. Enfin, je vis les cavaliers rouges, pris sans doute d'émulation, abandonner leurs chevaux, se jeter dans le ravin en arrière et à droite du 17° léger, et monter enfin par toutes les ravines, toutes les crevasses du terrain, à l'assaut du sentier que couvrait notre retraite. Jusque-là nous nous étions arrêtés deux ou trois fois pour jeter quelques obus sur les tirailleurs de la rive droite. Nous ne voyions plus l'attaque de notre gauche, du côté de la Chiffa, à laquelle nous avions eu affaire sur le petit plateau. Celle-ci, d'ailleurs, avait en tête le colonel Changarnier, et la crête sur laquelle elle avait lieu se prolongeait presque sans interruption jusqu'à la route. C'était maintenant du côté opposé que la marche des Arabes rencontrait moins d'obstacles, et que leur masse se précipitait. Là, ils ne furent guère gênés que par ces quelques obus qui empêchèrent l'insolent dédain de toute précaution, de toute hésitation. Mais déjà toute mon attention était ramenée sur la pente même qui s'étendait au-dessous de nous. Les cavaliers rouges, s'élevant du fond du ravin, la gravissait à grand effort et menaçaient de couper la ligne au point même où se trouvait ma section et près d'un petit promontoire qui voit le bas du ravin, et offre, pour le battre, une petite place d'armes, la première où l'on puisse organiser une défense. Je n'attribuais pas, dans de pareilles localités, une grande valeur à nos projectiles. La boîte à balles était trop lourde pour l'obusier, et il entrait peu de mitraille dans nos approvisionnements. Le seul coup à balle que je tirai sur les cavaliers rouges mit presque un obusier hors de service. Mais j'étais très-résolu à faire tirer nos mousquetons à dix pas, et à jeter en bas, le sabre à la main, la tête de cette attaque. La vigueur de mes hommes et la solidité de nos sabres-poignards opposés aux yatagans me laissaient sans crainte sur l'issue de cet effort. Il n'en fut pas besoin : au même moment, je vis près de moi le commandant Renault. Le maréchal avait vu de plus haut la manœuvre des cavaliers rouges et envoyait à notre aide le premier corps qu'il eût trouvé sous sa main. Les zouaves prirent notre place, et nous allâmes mettre en batterie sur le petit promontoire dont j'ai parlé plus haut. De là nous voyions mieux l'ennemi. Du reste, avec les zouaves, nous nous sentions maîtres de nos mouvements. Nous tirâmes de là quelques obus.

Cependant le commandant Renault prenait le commandement de toute l'infanterie qui se trouvait dans le voisinage. Ses ordres calmes et énergiques, ses dispositions immédiates, son sang-froid, sa politesse même, indiquaient l'excellent officier qui comprend son terrain et saura tirer parti de toutes ses ressources. Aussi tous obéirent, qu'ils fussent ou non de son corps, et sans que cette autorité irrésistiblement prise lui fût contestée même par des officiers, égaux ou supérieurs en grade, qui se trouvaient à portée. J'admirai en lui l'homme de guerre en pleine action. J'avoue que je ne l'avais pas apprécié si haut à Coléa et qu'il me sembla se développer singulièrement au feu. Je trouvai là en lui un autre homme, formé par l'expérience des campagnes de la légion étrangère, par une constante pratique de la guerre, surtout en Espagne. C'est d'ailleurs un vrai cœur de soldat.

Après quelque temps, il me dit que j'allais le gêner et qu'il fallait emmener mes pièces. J'avais depuis longtemps renvoyé mon cheval. Je fis partir mes hommes, et je suivais tournant souvent la tête vers le combat engagé derrière moi. Comme j'arrivais près d'un point où le ravin cesse brusquement, arrêté par un cap qui se relie, en formant une petite esplanade, aux deux crêtes voisines, un de mes sous-officiers accourut, me disant que le maréchal était là et demandait un de nos obusiers. Je trouvai, sur la petite plate-forme, le maréchal, le prince, les généraux Schramm et de La Hitte et tout l'état-major. Un obusier de Bossu était en batterie et usait là ses dernières munitions. Je le remplaçai ensuite par celui des miens que la mitraille n'avait pas endommagé jusqu'à en compromettre le service.

Je fus assailli de questions sur l'arrière-garde. Malgré tout son calme, le maréchal dissimulait à peine l'inquiétude qui avait succédé à sa sécurité du matin. Puis, les bruits les plus alarmants avaient été répandus. Les généraux, les chefs de corps, les officiers d'élite étaient tués, l'arrière-garde en déroute ou à peu près. J'avais vu, leur dis-je, le général de Dampierre ayant sa capote déchirée à l'épaule; mais il était debout. Le colonel Bedeau, atteint au nez par une balle, avait le visage en sang, mais conservait son commandement et l'exerçait avec une inébranlable fermeté. Je croyais seulement à la mort du capitaine Bisson, des carabiniers du 17e.

En mettant mon obusier en batterie dans une position admirable, comme l'étaient toujours celles que le maréchal assignait à l'artillerie, je me retrouvai sur le champ de bataille; seulement il s'était resserré et régularisé. La lutte avait lieu de front : elle était comprise entre les deux versants du ravin, barré maintenant dans toute son étendue par le commandant Renault et son intrépide troupe. A droite étaient les chasseurs. Là, les anfractuosités du ravin empêchaient que l'attaque fût très-vive. A gauche, et surtout autour du sentier, un combat acharné, à la façon de ceux d'Homère, se maintenait entre les zouaves et les plus braves des ennemis. Nous tirions, par-dessus la tête des zouaves, des obus qui n'arrêtaient plus les Arabes. Enivrés par l'espèce de succès qu'ils avaient obtenu depuis le matin, nous les voyions se glisser entre les broussailles, profiter, pour avancer, des moindres abris, rendre notre feu inutile contre leurs premiers rangs, mêlés qu'ils étaient avec nos soldats. Quant à ceux-ci, ils étaient admirables! C'était la même adresse, la même intelligence, la même audace de tirailleurs, avec de meilleures armes, avec la discipline qui donne de l'unité aux efforts du courage, avec le sentiment de l'honneur plus durable que la passion. Pour qui jetait les yeux sur cette lutte, il était évident qu'ils ne reculeraient plus d'un pas. Ils étaient, du reste, sous les yeux de l'armée. Nous reconnaissions et nous applaudissions quelques courages hors ligne entre tous ces courages. Un sergent nommé Stanislas laissait dépasser son embuscade par les plus hardis, et les abattait ensuite de sa balle et de sa baïonnette. On cita aussi un chasseur, dont le redoutable sabre-baïonnette abattit coup sur coup trois adversaires, et qui eut la mâchoire brisée d'un coup de pistolet. Mais si ces quelques hommes qui couvraient toute la retraite, et dont la contenance me rappelait celle de Tancrède se relevant pour arrêter la sortie de Soliman et étendant son bouclier devant les chrétiens éperdus qui respirent et reprennent courage à son abri, si, dis-je, ce faible bataillon ne reculait pas, il n'était pas possible non plus qu'il avançât : car il suffisait à peine à l'espace qu'il avait à couvrir et qui s'élargissait rapidement devant lui.

Quand mes derniers obus furent tirés, je m'en allai à regret; j'avais vu les derniers pelotons du 17e léger s'écouler, épuisés de sang et de fatigue, derrière la ligne des zouaves. Mes mulets, mon affût de rechange s'étaient, depuis le matin, chargés de quelques-uns de leurs blessés. Je renvoyai encore mes hommes, et les suivis lentement vers le Col. Je fus rattrapé par un zouave dont le bras était tout sanglant. Je connaissais son visage sans savoir son nom : je lui demandai si l'os était atteint. « Oh! mon lieutenant, me dit-il, il n'y manque rien, tout est cassé. — Eh, bon Dieu! vous ne pourrez jamais arriver à l'ambulance; je vais courir et vous renvoyer un mulet. — Oh! bah! n'ayez pas peur! j'arriverai bien là-haut. » Et il partit d'un bon pas comme s'il n'éprouvait ni douleur ni fatigue. Un peu plus haut, je rencontrai le colonel Lamoricière; il avait dû croiser en route bien des zouaves blessés; il avait des larmes dans les yeux et descendait seul, à grands pas, vers l'arrière-garde. « Mon colonel, lui dis-je, votre second bataillon a été admirable! Il aura préservé et honoré la retraite. » Il s'arrêta un instant à me demander des nouvelles, et continua.

Au col, je fus accueilli par mes camarades et invité par Liédot à prendre ma part du dîner qu'ils avaient fait préparer. Je ne m'étais pas aperçu de la fuite des heures, mais la nuit n'était pas loin. A peine étions-nous à table, que le 2ᵉ bataillon de zouaves arriva. « Il faut, dis-je à mes camarades, que vous me permettiez d'amener au moins un de ces braves gens-là. » J'y courus, et j'abordai, en l'embrassant, le capitaine de Barral, celui de ce bataillon que je connaissais le mieux. « Vous dînez avec moi, lui dis-je. — Volontiers ; mais j'ai d'abord quelque chose à faire. » Je l'accompagnai près du commandant Renaut. « Commandant, lui dit-il, je vous ai demandé tout à l'heure de courir sur l'ennemi à la baïonnette, et vous avez refusé. Je viens vous dire que vous avez bien fait et que je le reconnais. » Le commandant lui serra la main en souriant, et je l'emmenai.

Les pertes des zouaves étaient graves, moindres cependant qu'il n'eût fallu s'y attendre pour un corps moins habile à cette guerre et à ce terrain. Ils avaient perdu un seul officier, le lieutenant Cournet, que tout le corps regretta vivement. J'avais déjà vu passer, sur un cacolet, le capitaine de Viel-Castel, qui faisait gaiement d'abominables grimaces à chaque secousse que lui imprimaient les pas de son mulet, et qui avait emprunté l'un de nos boute-feux pour allumer son cigare. Nous étions au milieu de la bagarre.

Le capitaine de Viel-Castel était un des aimables camarades qui commandaient alors les compagnies de zouaves. Ancien adjudant-major du 17ᵉ léger (je crois), il contait bien et volontiers l'histoire des luttes de la province d'Oran, avant le traité de la Tafna. On me permettra de placer ici l'un de ces récits, tel qu'il est resté dans mon souvenir.

Nous causions, au cercle, du vieux général Mustapha. Le colonel Lamoricière témoignait une haute estime pour ce brave Turc, et disait que ce n'était pas seulement un chef de douairs accompli, mais qu'il lui confierait le commandement de troupes françaises de toutes armes et qu'il croirait ainsi notre infanterie et même notre artillerie en bonnes mains. « A l'expédition de... à..., dit le capitaine de Viel-Castel, le général d'Arlanges nous commandait, et nous étions chaudement suivis. Mustapha était à l'arrière-garde, et avait à se défendre contre d'incessantes attaques. Il envoya dire au général que nous allions arriver à un défilé qui serait fatal à l'armée, si, avant ce passage, l'ennemi n'avait pas été battu à fond. Il l'engageait donc à tenir et à faire un retour offensif. Le général ne voulait pas avoir d'affaire ce jour-là : il refusa. Mustapha le fit presser par son beau-frère; il vint lui-même et aborda le général, qu'entouraient les chefs de corps, suivis de leurs adjudants-majors. Il répéta d'abord ce qu'il avait envoyé dire, ajoutant qu'il avait engagé ses douairs et ses smélas dans la prévision d'une lutte. « Tant pis pour toi, disait le général; pourquoi t'engages-tu sans ordre ?

C'est très-bien d'être toujours prêt à se battre, mais il faut tenir compte de ma volonté. — Mais tu veux donc que nous périssions vaincus et sans vengeance ! Du moins fallait-il me le faire dire ! Je serais resté à côté des miens, prêt à mourir comme eux et avec eux, au lieu d'être en sûreté ici comme un lâche qui aurait fui le combat ! » Tout le cercle frémissait de colère et partageait l'émotion du brave vieillard. Le général entendait et voyait, pour ainsi dire, les murmures de tous. Lui-même, d'ailleurs, appréciait Mustapha. « Allons ! dit-il, qu'un bataillon aille soutenir les alliés et les ramène ! — C'est au 47° à marcher ! s'écria Combes ; et il ajouta assez haut pour être entendu : « Et je vais m'engager de telle façon qu'il sera bien obligé de me soutenir ! » Il était l'instant d'après au milieu des ennemis. Toute l'armée s'engagea à sa suite, et les Arabes, vigoureusement attaqués, se dispersèrent. Puis l'armée se remit en marche et arriva après une demi-heure dans un affreux défilé dont le passage eût coûté bien du sang s'il eût été disputé. « Tu as eu raison, dit le général à Mustapha ; il fallait nous battre tout à l'heure, et tu as bien fait d'insister. »

CHAPITRE IX

DÉPART DES PRINCES. — EXPÉDITION DE MILIANA.

Le 22, nous rentrâmes à Blida sans avoir eu rien de grave en route; je m'établis au camp supérieur. Le prince partit le même jour, et le maréchal emmena, le lendemain, tout l'état-major, les blessés du 20 mai et le colonel Lamoricière qui partit ensuite pour Paris. Nous restâmes sous les ordres du colonel Changarnier, nommé commandant supérieur de Blida, et le plus assidu compagnon de ma solitude fut le capitaine Leflô, avec lequel je causai souvent de l'histoire d'Afrique, de la prise de Constantine, de l'assaut récent du Col.

Le 24, comme j'allais avec le capitaine Conrot rendre visite au colonel, le capitaine Leflô lui rendait compte de la perte d'un de ses voltigeurs, mort le matin. « C'est, nous disait le colonel, le 309⁰ depuis l'expédition. » Je dois dire que le 2⁰ léger n'avait à l'expédition que deux bataillons de 500 hommes chacun; c'était donc un homme perdu sur trois. Plus tard, le 4 juillet, le capitaine Clère, alors commandant du 1er bataillon de chasseurs, me disait que de 609 hommes présents le 27 avril, il n'en restait alors que 305 au drapeau. Les corps se fondaient vite à cette guerre.

Voici, quant à l'inauguration de ce commandement de Blida, ce que je retrouve dans mes notes :

« J'ai déjeuné hier chez le colonel Changarnier ; c'était la prise de possession de son commandement, et j'ai assisté à la réception des principaux de Blida. C'est une mauvaise chose que l'intermédiaire d'un interprète, mais cela avait, ici, l'avantage de nous mettre dans la confidence des demandes et des réponses. C'étaient des protestations de protection éternelle de la part des Français, dussent-ils entourer la Mitidja d'une muraille pour la mettre à l'abri des incursions ; c'étaient des promesses de prospérité pour Blida qui souffre en ce moment ; c'étaient des menaces à transmettre aux Beni-Sala, ses voisins de la montagne, s'ils ne renonçaient pas à toute hostilité contre la ville et contre nous. A cela l'ancien caïd des Beni-Sala répondait que « si ses compatriotes pouvaient être pris les armes à la main et considérés comme prisonniers de guerre, ils en seraient bien aises, mais que tout ami des Français risquait d'être dénoncé à Abd-el-Kader par les siens ou saisi par la police de l'émir. Sans cela, les Mouzaïa, les Soumata, les Beni-M'çaoud ne demanderaient pas mieux que de nouer avec nous des relations de commerce et de paix; aucune tribu n'ose commencer. » C'est un témoignage, après mille autres, de l'activité et de l'habileté de notre adversaire. Nous, nous renvoyons en France 200,000 francs de fonds secrets qui auraient pu, ce me semble, trouver un utile emploi. Les seuls renseignements qu'on ait paru connaître venaient de Coléa, qui n'a disposé de quelques fonds que pendant les dernières semaines. Je me rappelle avec quelle confiance nous nous disions qu'on puisait sans doute abondamment à d'autres sources, et combien nous fûmes surpris de voir qu'on savait très-peu ce que nous avions écrit et dessiné, et rien du reste. »

Je ne trouve, de ce séjour à Blida, que la mention d'un violent siroco, dont j'écrivais, le 2 juin au soir : « Le siroco souffle depuis ce matin. Ce n'est pas encore le vent de flamme que j'ai vu, à l'automne, empourprer tout le ciel, et jaunir, en une heure, les feuilles des orangers; mais c'est déjà un souffle brûlant, et quoique le soleil n'ait pas donné dans cette journée, chaque suspension du vent laissait affluer le sang sous la peau desséchée; il semblait qu'on fût sans cesse à la bouche d'une fournaise, et les yeux mêmes, devenus sensibles à l'excès, ne pouvaient fixer aucun point de la grise atmosphère qui enveloppait tout le ciel. Ce soir, l'effet est encore plus étrange. Il fait plus chaud que dans le jour; ma table, mes papiers sont couverts d'une épaisse poussière, le vent est devenu plus violent depuis le coucher du soleil, et, dans le camp, les soldats se couchent tout nus hors de leurs baraques, trouvant que le désert leur fait avec son souffle un assez chaud vêtement de nuit. » Je me disais alors qu'heureusement nous n'étions pas en plaine, et que l'incendie des moissons, accéléré par le siroco, dévorerait aisément une armée. Plus tard, j'ai dû reconnaître que, si le feu se propage aisément dans les herbes sèches de septembre, il gagne lentement dans les blés que la sève parcourt encore.

C'était, du reste, un ennuyeux séjour que le camp supérieur de Blida. Ce n'étaient plus nos belles vues, nos belles promenades de Coléa. D'un côté, une plaine nue; de l'autre, ces pauvres bois d'orangers dévastés en novembre et décembre, et négligés depuis. Point de chasse; on ne trouvait plus guère, à portée du camp, que des tourterelles qu'on épargnait d'un commun accord, pour laisser aux arbres qui nous environnaient un peu de vie et de grâce.

Le 3 juin, le maréchal revint, annonçant le départ pour le lendemain. Il laissait paraître la joie d'être débarrassé des princes et se promettait de montrer combien leur présence avait gêné son audace. Du reste, les indications du travail de M. de Lamoricière avaient toute faveur, et nous dûmes aller à Miliana par un chemin qu'il avait conseillé. Il s'agissait d'aller jusqu'au fond de la plaine, puis de tourner à gauche vers Bou-Halouan, de franchir la grande chaîne au col du Kerma, et de revenir sur Miliana par la vallée du Chélif. Le chemin ordinaire remonte l'Oued-Djer; nous allions tourner sa vallée et le passer près de sa source.

Nos deux premières journées furent sans ennemis. Nous emmenions de l'artillerie de campagne à laquelle il fallait ouvrir des routes : notre marche laissait ainsi des passages pratiqués, et ce m'a toujours semblé être le résultat le plus utile à atteindre dans cette guerre. Mais combien cette nécessité allongeait les journées et les rendait rudes! Les étapes étaient de peu d'étendue, semées de travaux continuels, mais sans haltes prévues, partant sans repos. Nous sommes arrivés plusieurs fois après dix heures du soir; nous trouvions alors, prêt à nous guider, le capitaine de Mac Mahon, aussi bon camarade qu'infatigable officier d'état-major. Le 5, nous allâmes de Kraroubat-el-Ouzri (le caroubier du Sourd) à l'Oued-Djer. Le lendemain, le départ fut égayé par un de ces incidents comme en rencontrait à chaque pas cette armée facile à toutes les distractions. Un peloton, en allant prendre poste au-dessus de nous, eut à passer, à mi-côte, un petit fossé que couvraient les hautes herbes, et où les habitants avaient caché leurs ruches et leurs provisions. Les abeilles sortirent furieuses et dispersèrent le peloton, chaque homme s'écartant en secouant son mouchoir autour de son visage : mais la cachette était découverte, et les abeilles eurent à défendre leur retraite contre une multitude d'assaillants qu'excitaient les cris et les rires de tous leurs camarades. Le canonnier qui faisait notre cuisine gagna glorieusement à cette affaire un grand pot de beurre, de forme étrusque, qui fut accueilli avec des cris de joie. Mais, hélas ! il semblait qu'on y eût accumulé tout le beurre de l'année à mesure qu'il était fait, et nous ne nous trouvâmes pas assez Arabes pour goûter cet affreux mélange.

Le 7 au soir, nous étions au Kerma. La traversée de la plaine de Bouhalouan et la montée, assez douce d'ailleurs, de la pente nord de l'Atlas, avaient été pénibles à cause du manque d'eau. Près de moi, un homme de la légion tomba de fatigue, et son corps enfla aussitôt. Il était mort, me dit-on. L'arrière-garde avait échangé des coups de fusil toute la journée, mais sans engagement prononcé. Le soir, une lueur rouge du côté du couchant nous apprit qu'Abd-el-Kader traitait la plus belle de ses villes comme Rostopchin avait traité Moscou. Nous regrettâmes que la distance ne nous permît pas de préserver, par un brusque assaut, Miliana d'une entière destruction.

Le 8, nous descendîmes dans la vallée du Chélif. Ce fut pour moi une vive émotion. Jusque-là, on n'avait guère vu que la Mitidja, et je me trouvais en face d'une contrée nouvelle, connue seulement, mais bien connue par nos renseignements. Chacun m'interrogeait, comme on avait fait la veille, et me demandait le nom des vallées et des forêts, et les circonstances de la route. La vallée apparaît riche, belle, large de trois à quatre lieues. Sur l'autre rive, l'œil remontait l'Oued-Dardar, longeant une grande forêt; puis on devinait plus loin, à gauche, la trace du haut Chélif, qui vient du sud. A droite il coulait vers l'ouest entre deux hautes chaînes que dominent le Zaccar sur la rive droite et, sur la rive gauche, l'Ouernseris, semblable au Puy-de-Dôme. A quelques lieues, el Kantara, le célèbre pont du Chélif, continuait, par-dessus le fleuve, la grande route de l'Occident.

CHAPITRE X

PRISE DE MILIANA.

Vers dix heures du matin, nous nous présentâmes à l'entrée de l'Oued-Boutan, dont la vallée ouvre, jusqu'au Zaccar, une brèche dans la chaîne inférieure. On jeta des troupes à droite et à gauche. Je pus rester au fond de la vallée, la remontant sans fatigue et réservant pour l'assaut mes munitions et les forces de mes hommes et de mes mulets. Le bas de cette vallée est marquée par un marabout consacré à Sidi Ab-el-Kader, le saint révéré dont l'émir prétend descendre. A une lieue de la vallée du Chélif, on arrive au confluent de plusieurs ravins que sépare et domine le haut rocher qui porte Miliana. La pauvre ville élevait encore vers le ciel des colonnes de fumée. Du plateau où elle est assise, partaient une fusillade nourrie et quelques coups de canon. Le maréchal fit mettre l'artillerie de campagne en batterie sur un petit plateau derrière le ravin où je m'étais arrêté, et lança deux colonnes d'attaque ayant en tête, celle de droite, le 2ᵉ léger; celle de gauche, les zouaves alors commandés par le chef de bataillon Regnauld. Je modérai l'ardeur de mes hommes, ignorant les ordres donnés et ne voulant ni désobéir, ni prendre la place d'un camarade. Mais, voyant qu'on lançait seulement sur les traces du 2ᵉ la section d'Iratchez, guidée par le capitaine Fournier, je me jetai sur celles des zouaves. Bientôt, du reste, je les laissai à gauche et me trouvai tout à fait isolé entre les deux colonnes. Je pris les devants courant le pistolet à la main, à 200 ou 300 pas en avant de mon premier obusier, pour reconnaître la route et prévenir pour mes hommes des dangers dont je me sentais plus que jamais responsable. A chaque instant je retournais mon cheval, me disant qu'il était impossible que les obusiers franchissent le passage que je venais de traverser. Mais bientôt je voyais apparaître à l'issue du défilé Duprey ou Marchand, tirant le mulet de pièce, que poussaient, que soutenaient les servants; je repartais en leur jetant un cri d'encouragement. Je parcourus ainsi un terrain très-difficile, suivant cependant, par bonheur, à peu près le chemin officiel de Miliana et ne recevant pas de coups de fusil. Si les indigènes étaient embusqués derrière les haies, ils se sentaient entourés et ne songeaient qu'à se cacher. Je gagnai ainsi une jolie route qui semblait une allée de jardin. Un temps de galop m'amena à la porte de la ville, où je trouvai le général d'Houdetot, le colonel Changarnier, le commandant Levaillant.

« Arrivez, me dit le général, vous allez nous être utile ; Mac Mahon, montrez à M. Fabre l'endroit où il aura à se mettre en batterie. » Le capitaine Mac Mahon me montra, près de là, un petit mur bien choisi en effet. « Mais, dis-je au commandant Levaillant qui nous avait accompagnés, je n'aime pas à avoir devant moi vos tirailleurs. — Ma foi ! à moins de vous porter sur leur ligne... — Ainsi vais-je faire. » Et appelant mes hommes qui arrivaient, je conduisis la section sur la ligne des tirailleurs. Nous croisâmes encore quelques blessés dans le chemin creux que nous suivions, et le brigadier Tuffou, de ma première pièce, reçut une balle qui lui coupa la respiration. Personne ne fut plus atteint dès que nous eûmes ouvert notre feu. Nous tirâmes 20 ou 25 obus qui nettoyèrent le terrain et firent sortir les Arabes de leurs dernières embuscades. Le capitaine Fournier nous rejoignit, abandonnant la section d'Iratchez, engagée dans un chemin trop étroit, entre des murs de jardin. J'accompagnai encore le colonel Changarnier dans une reconnaissance sur la route d'El-Hammam, puis nous revînmes asseoir le camp dans le cimetière au nord de la ville.

Nous passâmes là quelques jours, admirant ce magnifique site, ces belles eaux, qui avaient fait de

Miliana (sur une bien petite échelle) le Versailles de l'émir. Partout des eaux vives parcouraient les rues dans des conduits dallés et s'élevaient en jets dans des vasques de marbre, au milieu des bassins creusés dans beaucoup de cours. Les solives des galeries étaient peintes, à vives arêtes. Quelques intérieurs étaient peints et dorés. Dans une des maisons où j'entrai, je trouvai quantité de manuscrits arabes et hébreux jetés pêle-mêle dans des coffres. Nous relûmes l'inscription romaine copiée par Shaw, devant laquelle je trouvai MM. Maissiat, de Ladmirault, d'Abrantès; elle est écrite sur une pierre engagée dans le montant d'une porte condamnée. Je remarquai une rue formée par des boutiques et plantée, dans toute sa longueur, d'énormes troncs de vigne souvent endommagés par le feu. Je mesurai le plus gros; il avait, à 1 mètre de terre, 1 mètre 15 centimètres de tour et portait une profusion de feuilles et de fleurs.

Le 9, je descendis par une jolie allée tout ombragée, toute fraîche, vers la fonderie qu'avait fait construire Abd-el-Kader, essayant d'introduire la civilisation, surtout dans les arts de la guerre. « Quelle charmante promenade, disais-je à mes camarades, la sous-préfète de Miliana pourra, avant dix ans, parcourir dans sa voiture! » Il semblait alors qu'on fût bien éloigné d'un pareil état de choses. Nous trouvâmes la fonderie dans un état déplorable; elle avait fonctionné, cela était attesté par des scories jetées devant la porte. Mais sa magnifique chute d'eau ne faisait plus mouvoir de roue hydraulique. Les débris des machines étaient accumulés dans le corps d'une machine soufflante et sur l'emplacement du creuset. Seulement l'édifice était intact, et l'on pouvait comprendre qu'un même homme, sans doute, avait dû tracer la route, bâtir l'édifice, installer l'usine. « Ah! si j'avais cela dans mon Alsace, disait un sous-officier à côté de moi, ce serait une fortune! » La chute d'eau est bien belle en effet. A mon retour en ville, je vis le moule d'une pièce de montagne.

CHAPITRE XI

RETOUR A BLIDA.

Médéa. — Retraite du 15 juin. — Le docteur Beugny.

Nous partîmes le 11, je crois, de Miliana pour Médéa. Nous nous souvenions d'avoir vu, du col de Mouzaïa, la plaine bouleversée qui s'étend à l'ouest, de Médéa à la vallée du Chélif. Nous savions, d'ailleurs, que l'abord de cette ville, par le chemin que nous allions suivre, est facile, et notre domination française nous y semblait singulièrement consolidée par cette faculté d'y arriver de deux côtés. Du reste, Abd-el-Kader avait reparu, et avec lui une armée plus nombreuse que nous ne lui en avions encore vu. Il tenait les montagnes que nous laissions maintenant à gauche, et nous remontions la vallée entre lui et le fleuve. En marchant, on brûlait les moissons, mais le feu ne s'étendait guère et l'effet n'allait pas au delà d'une provocation à l'ennemi qui le voyait. L'armée était serrée, la cavalerie avait défense de charger, l'artillerie de tirer, sans l'ordre formel du maréchal. Seulement, les spahis et les gendarmes maures, aux ordres du commandant Bouscarin, battaient au loin l'estrade, et disparaissaient sans cesse, bravant, malgré leur petit nombre (ils étaient 97), la nombreuse cavalerie ennemie. C'était, du reste, un spectacle plein d'intérêt que la reconnaissance d'un bois, par exemple, qu'opérait cette cavalerie légère par excellence. Au signal donné, tous, sauf un peloton de réserve, partaient à toute bride, et le bois était, en un instant, abordé à la fois dans toutes les directions. Au besoin, ils avaient presque la solidité des troupes françaises. Ils eurent, le deuxième jour, un rude combat sous les yeux de l'armée. Heureusement, tandis que les ordres du maréchal enchaînaient la cavalerie du colonel Bourjolly, toute l'artillerie de la réserve et de l'arrière-garde put venir en aide à nos braves spahis. C'étaient quatre pièces de notre batterie et cinq pièces de campagne. Cela faisait un feu assez nourri pour empêcher la cavalerie d'Abd-el-Kader de déboucher en plaine et de couper la retraite à Bouscarin. Celui-ci se dégagea sans avoir été entamé.

Le soir, nous campâmes à Souk el Arba Djendell, sur l'emplacement d'un marché dont l'importance était attestée par de nombreux vestiges. Nous laissâmes seulement sur la rive droite le 24ᵉ de ligne commandé par le colonel Gentil, et nous franchîmes le gué du Chélif, qui avait là environ 50 mètres de longueur sur 60 centimètres de profondeur. Beaucoup se baignèrent dans le fleuve.

Le lendemain, la cavalerie arabe chargea avec une grande audace sur notre arrière-garde. En repassant le Chélif à deux lieues de Souk el Arba, nous dûmes mettre en batterie pour protéger la retraite d'une compagnie d'arrière-garde. Mais, avec nos solides troupes et un terrain presque découvert, les entreprises de l'ennemi n'avaient jamais grande portée. Il parvenait, tout au plus, à couper quelques tirailleurs, et était généralement maintenu à distance du gros de l'armée.

Nous rentrâmes ainsi à Médéa. Nous vîmes avec surprise ce que le général Duvivier avait accompli de travail depuis le 20 mai. Les abords de la place étaient dégagés, et la place même était complétement fermée. On campa sous ses murs, et une alerte de nuit coûta cinq hommes et quelques chevaux à la *cavalerie chrétienne,* comme on appelait nos hussards et nos chasseurs de France.

Nous partîmes dans la journée du 14, et arrivâmes assez tard au bois des Oliviers. L'armée s'y installa vers huit heures du soir, puis, dans la nuit, les zouaves et le 2ᵉ léger levèrent le camp sans bruit, et, s'engageant dans la montagne, gravirent silencieusement jusqu'au Col où l'on supposait l'ennemi établi. On trouva la route intacte et le

Ténia libre. Abd-el-Kader ne voulait plus nous faire face, mais seulement attaquer nos retraites. C'était bien comprendre nos avantages et les siens.

Le matin du 15, le maréchal et les commandants Perchain et Vernety (le général Lahitte était resté à Alger très-gravement malade) disposèrent l'artillerie autour du bois, la chargeant cette fois de couvrir le camp au départ. Je fus placé au petit isthme que j'avais si longtemps occupé le 20 mai. J'étais malade depuis la veille et fort affaibi.

Aux premiers mouvements de retraite, les Arabes accoururent, les réguliers en tête, pleins d'impétuosité et d'audace. Le feu roulant qui les accueillit les arrêta net, et ils reculèrent déconcertés. Les *impedimenta* de l'armée regagnèrent la montagne et s'échelonnèrent dans le sentier. Puis l'artillerie se replia en commençant par la plus avancée, et je me trouvai en arrière avec Lafayette. L'extrême arrière-garde était tenue, cette fois, par le 48°. L'ennemi, revenu de son étonnement du matin, reprenait tout son élan. Seulement le combat commençait au pied même de la montagne et le bois était occupé des deux parts. La lutte fut acharnée sur le point où, le 20 mai, j'avais trouvé le commandant Renault. Le 17° léger, avec le lieutenant-colonel Latorre, le 2° léger, avec le colonel Changarnier, soutenaient là le 48°. J'y fus renvoyé de la mine de cuivre, mais l'ennemi était trop sur notre tête ou sous nos pieds pour que nos obus pussent l'atteindre utilement. Peut-être eût-il fallu faire un retour offensif sur le chemin et prendre de là à revers les assaillants du plateau. Le colonel Changarnier se convainquit de l'inutilité de mon obusier, et me renvoya après quelques coups. Devenu simple spectateur et suivant lentement mon monde, je rencontrai le capitaine Vichery, des chasseurs, boitant d'une balle qui lui avait frappé le pied. Je lui pris le bras et voulus l'emmener avec moi. « Non, me dit-il, ce n'est qu'une balle morte malgré le mal qu'elle m'a fait d'abord; d'ailleurs je commande ici et j'y dois rester, à moins d'impossibilité absolue. » (Il remplaçait le commandant Grobon.) Je lui dis donc adieu en lui serrant la main : l'instant d'après il fut atteint d'une balle en pleine poitrine. C'était un brave et bon camarade. Sa compagnie était décimée. Son lieutenant avait été, le 6, tué d'un coup de pistolet par une femme à l'attaque d'un village. Le sous-lieutenant était blessé, et la moitié des sous-officiers étaient hors de combat.

La retraite du 15 juin coûta moins que celle du 20 mai, beaucoup encore cependant. Lafayette y avait été touché par deux balles, l'une à la cuisse droite, l'autre dans les reins. Celle-ci brisa sa giberne et lui fit une contusion qu'il sentit peu d'abord, mais on attribua à cette cause la fièvre violente qui le mit en danger quelques jours après. Il avait été atteint à notre poste du matin tandis qu'il était à genoux pointant un de ses obusiers. Quand je le croisai en remontant le sentier : « Mon cher, me dit-il, je viens de recevoir les deux plus heureuses balles! » Et il me montrait sa giberne et son pantalon déchirés. Il fut décoré en octobre après avoir eu son cheval blessé, la poignée de son sabre brisée dans sa main et une blessure au cou.

Dans la campagne d'automne, une meilleure étude de ce passage permit enfin d'y mettre un terme aux succès et à l'audace des Arabes. M. de Ladmirault, alors chef de bataillon, se laissa dépasser par eux, et, les prenant entre deux feux, leur fit subir un rude échec. C'est le jeu, ce me semble, de toutes les retraites. Il faut que l'ennemi, en courant sur vous, risque autre chose que de ne pas réussir. C'est le jeu que joua Custine en 1792, en revenant de Francfort à Mayence; il assura ainsi sa retraite.

Quant à nous, nous nous retrouvâmes le soir au Col, comptant nos blessés et peu satisfaits de la journée. Un de mes mulets de pièce, profondément blessé d'une balle, avait bravement remonté son obusier jusqu'au camp, pour mourir en arrivant. Nous avons eu plusieurs exemples semblables de la constance de ces estimables animaux.

On se reposa au Col le lendemain. Le docteur Beugny, le chirurgien-major des zouaves, y fut atteint d'une balle à la tête en allant panser une sentinelle blessée. Je le revis deux jours après à l'hôpital de Blida, paralysé du côté gauche et désespérant de la guérison de son bras, pour lequel il aurait, disait-il, donné ses deux jambes. Il mourut quelque temps après, au grand chagrin de son corps et au mien surtout. Il était plein de philosophie, de gaieté, et d'une bonté bourrue qui le faisait aimer de tous.

Restait maintenant à approvisionner Médéa et Miliana pour les mettre en état d'atteindre l'automne, l'armée devant se reposer jusqu'en octobre. C'était désormais le seul but du maréchal.

Le 17, nous descendîmes à Mouzaïa; je passai à Blida la journée du 18, remplaçant ce qui était brisé dans notre matériel ou usé dans les approvisionnements. Je visitai, à l'hôpital, Lafayette et Beugny. J'ai dit ailleurs tout ce qu'il y avait d'énergie et souvent de gaieté parmi ces hôtes de l'hôpital, voués, pour la plupart, à une mort prochaine. C'est un des souvenirs qui m'ont fait estimer l'humanité; il n'y a, pour ainsi dire, pas de limites à ce qu'on peut attendre, dans certaines circonstances, des forces et du moral des hommes.

Nous partîmes le jour même pour Mouzaïa, puis à onze heures du soir nous nous préparâmes à remonter au Col. Nous y étions le 19, à sept heures du matin, et j'y partageai le très-modeste déjeuner du commandant Pélissier, chef d'état-major de la 2e division. Il fallut y laisser, atteint d'une fièvre pernicieuse, Lafayette, qui s'était relevé pour nous suivre. Après quelques heures de repos, nous en repartîmes pour le bois des Oliviers, où nous arrivâmes à minuit. Il y avait vingt-cinq heures que mon cheval était sellé et mes mulets bâtés. Hommes et bêtes étaient singulièrement fatigués.

Le 20, nous allâmes déposer nos vivres à Médéa.

CHAPITRE XII

RAVITAILLEMENT DE MILIANA.

Le 21, nous nous mîmes en marche pour Miliana. C'était une entreprise qui semblait hasardeuse, et qui fut, en effet, la plus belle de cette deuxième expédition. On nous donna pour chef le colonel Changarnier, et on lui composa une colonne d'élite formée de vieux régiments, le 2ᵉ et le 17ᵉ léger, le 24ᵉ, le 23ᵉ, qui quittait pour cette expédition sa garnison de Médéa; les 48ᵉ et 58ᵉ. En tout, un peu plus de 4,000 baïonnettes : puis la batterie Conrot et 400 chasseurs du 1ᵉʳ sous le commandant Dubern ; les chevaux de ce détachement étaient très-fatigués, et il n'y avait pas à en attendre les services dont était capable habituellement cette excellente cavalerie. Nous portions seulement 50,000 cartouches ; mais nos vieux soldats savaient ménager leurs munitions, obéissant en cela à une nécessité absolue de cette guerre, dont les transports étaient la difficulté essentielle.

Nous fîmes en trois jours le trajet qui nous en

avait coûté quatre après la prise de Miliana ; les routes étaient tracées, et, d'ailleurs, nous n'avions pas d'artillerie de campagne avec nous. Le colonel nous mettait en route avant le jour, en sorte que les Arabes ne nous rejoignaient qu'en colonne de marche, et ne trouvaient guère à mordre sur nous. Pourtant Abd-el-Kader s'était résolu à des efforts désespérés pour faire manquer cette opération et anéantir notre petite colonne, bien moins imposante aux yeux des Arabes que l'armée qui avait récemment parcouru cette vallée. Il avait appelé tous les contingents qui lui obéissaient ; ses prédications, ses excitations avaient soulevé toutes les populations du Chélif et du Mograb : il semblait que notre petit carré, encombré de bêtes de somme, dût disparaître sous les pas de ses chevaux. Mais nous n'appréciâmes bien son armée que le troisième jour.

Le 23, vers 11 heures du matin, nous arrivâmes à l'entrée de l'Oued Boutan. La garnison de Miliana, formée du 2ᵉ bataillon léger et d'un bataillon de la légion aux ordres du lieutenant-colonel d'Illens, était sortie sur le plateau qui porte la ville. Nous fîmes halte avant la montée. Le convoi nous dépassa et les mulets allèrent se faire décharger à la ville.

Déjà le camp de la batterie était tracé, et les mulets attachés à la corde du campement, quand Pourcet, l'officier d'ordonnance du colonel, accourut apporter au capitaine l'ordre de retourner en arrière au pas de course. L'arrière-garde, confiée à deux compagnies du 24°, était forcée : l'ambulance n'avait dû son salut qu'au dévouement de Müller, dont la section était compromise. En un instant les mulets furent rechargés, et tous nous retournâmes à toute course vers l'issue du vallon. Déjà le 24°, secourant son arrière-garde, avait rétabli sa ligne sur la rive droite. Avant de déboucher dans la vallée du Chélif, nous nous jetâmes à gauche, soutenus par une fraction du 24°; nous avions rallié Müller, et les six pièces étaient ensemble. Une fusillade bien nourrie nous accueillit aussitôt que nous apparûmes sur le plateau ; nous nous mîmes en batterie de façon à voir une partie de la plaine et l'entrée d'un petit vallon parallèle à l'O. Boutan, par lequel la cavalerie arabe se précipitait en masse vers Miliana, qu'on pouvait aussi atteindre par là. Nos premières décharges firent taire les hourras de victoire, et brisèrent en deux cette colonne. Notre feu, nourri comme il l'est par six pièces, la frappait au point où elle pénétrait dans la montagne : ce qui suivait s'arrêta et rebroussa chemin, n'osant franchir ce passage ; ce qui était entre ce point et Miliana perdit courage et se dispersa en s'éloignant de nous. Il paraît que quelques chefs importants étaient tombés sous nos premiers obus. Cette expérience engagea, au reste, le colonel à faire donner l'artillerie en aussi grande masse que possible.

L'élan des Arabes arrêté, le reste ne fut plus qu'une

bataille d'opéra, mais la plus belle qui se pût voir. Aussi loin que s'étendait la vue, la vallée était couverte de chevaux au galop, de bernous volants, de la fumée des coups de feu. Il pouvait y avoir là 15,000 à 20,000 cavaliers occupant plus d'espace qu'une armée régulière de 100,000 hommes.

Tous leurs mouvements convergeaient vers l'étroite position occupée par les Français, des deux côtés de l'O. Boutan. Le combat avait, du reste, dégénéré en fantasia. Je remarquais çà et là des chefs de tribu montant leurs beaux chevaux avec la dignité, la barbe blanche et tout le costume des anciens patriarches; ils étaient sans armes, et leurs familles, leurs domestiques les entouraient en se réglant sur eux. A une certaine distance de nos lignes, le chef recevait des mains d'un écuyer son fusil, comme les anciens chevaliers recevaient le casque et la lance; puis, faisant tourner l'arme autour de sa tête, il s'élançait au galop en poussant le cri de guerre (*Aroua!* Allons!). Sa majesté devenait furie, et son calme, impétuosité. Tous le suivaient, et cette charge semblait irrésistible; mais, à deux ou trois cents pas de nos tirailleurs, les chevaux faisaient demi-tour l'un après l'autre, les plus braves s'approchant davantage. L'habile cavalier tirait son coup de fusil en arrière et s'éloignait, au galop, de nos tirailleurs. Cette scène se répétait incessamment et de tous les groupes ennemis.

Cependant, au pied de la hauteur où nous étions placés, nous voyions nos braves fantassins, espacés de quelques pas, s'abritant, qui d'une pierre, qui d'une broussaille, suivant d'un œil impassible les voltes éblouissantes de leurs adversaires, dédaigner presque toujours de répondre à leurs vaines provocations. Nous sentions alors tout l'orgueil d'une invincible puissance en présence de cette multitude si mobile, et nous comprenions que des hasards ou la fatigue des marches et du climat pourraient seuls donner aux indigènes des avantages accidentels. A la longue, cette discipline, cet intelligent courage, cette obéissante union de toutes les forces individuelles, devaient dompter leur fougue.

Vers le soir, tout ce mouvement s'arrêta : les Arabes retournèrent vers les esclaves et les bagages restés sur l'autre rive du Chélif. En même temps les mulets du convoi reparurent à l'issue de l'O. Boutan, et nous descendîmes dans la plaine, où le camp fut formé comme d'habitude ; la nuit fut tranquille.

Mais, le matin, toute cette cavalerie reparut. Ses attaques se ressentaient de l'échec de la veille ; elles étaient molles et s'arrêtaient à distance. Vers le milieu de la journée seulement, et près du gué du Chélif, elles se rapprochèrent, appuyées par un gros de 1,500 à 2,000 cavaliers plus serrés, au milieu desquels on signalait l'émir. Le colonel opposa nos six obusiers à cette réserve qu'un ravin séparait de nous, et que nous dûmes battre à huit cents mètres environ. Le but était large, et nous ne le manquâmes guère : cela se passait à la vue de l'armée, applaudissant aux coups heureux, aux obus bien dirigés. L'obusier de Duprey-Desiles réussit surtout dans cette circonstance ; il envoya plusieurs obus de suite au centre où l'accumulation des drapeaux indiquait la présence d'Ab-el-Kader. La constance des cavaliers ne résista pas à cette rude épreuve ; ils commencèrent à tourbillonner, puis se dispersèrent, confirmant, des deux parts, cette conviction déjà formée la veille, qu'une batterie d'obusiers était un irrésistible adversaire pour les masses de leur cavalerie.

Aussi, quand le soir Abd-el-Kader réunit les chefs de son infanterie, pour leur proposer d'attaquer, cette nuit même, cette poignée d'hommes, invincible au grand jour, il ne rencontra qu'un découragement profond. « La cavalerie, dirent-ils, fuira devant le canon des *Roumis,* nos fantassins abandonnés seront entourés et massacrés par les cavaliers et l'infanterie de l'ennemi. » Ils disaient vrai, et voyaient les choses avec la très-réelle intelligence de la guerre qu'on trouve habituellement chez les Arabes. Ç'avait été, en effet, la manœuvre d'Oued-el-Alleig, et plus tard le général Lamoricière détruisit ainsi, à Oran, un de leurs bataillons réguliers.

J'ai noté aussi un autre souvenir de cette marche. Le matin, je cheminais derrière deux pelotons du 2ᵉ léger. L'officier qui les commandait vit mes yeux arrêtés sur un de ses hommes qui marchait sans sac : « C'est, me dit-il, le seul de la compagnie qui ait mis son sac aux bagages. Lui-même n'a pas quitté le rang; et il a, depuis huit jours, la fièvre et la diarrhée! » C'est que l'honneur du corps ne s'attachait pas seulement au courage montré devant l'ennemi. Ces braves gens savaient aussi supporter, sans faiblir, les privations et la maladie.

Ces journées furent cruellement chaudes, et, au bivouac surtout, on ne savait que devenir jusqu'à cinq heures du soir; alors la température devenait supportable. Le mouvement, la gaieté, la vie renaissaient dans le camp. Nous n'arrivâmes à Ouamri qu'à travers des routes abruptes où s'allongea l'armée. Je trouvai, près d'un arbre énorme qui masquait l'emplacement du camp, le capitaine Leflô faisant rafraîchir sa petite gourde dans l'eau d'un ruisseau qui servait aussi à amollir le biscuit de notre maigre repas. Tandis que nous causions, assis au bord de cette eau chétive, je me rappelais Gil Blas et la philosophique occupation à laquelle se livrait son ami le barbier, lors de leur première rencontre.

Le 25, nous arrivâmes, vers midi, sous un grand

figuier où se séparaient les routes de Médéa et du Col. Le colonel nous laissa là et courut à la ville avec les chasseurs; l'attente dura quatre heures. A l'ombre du figuier, les hommes étaient serrés à ne pas laisser libre le moindre espace; j'étais couché à l'ombre de mon cheval. Au-dessous de ma section étaient les blessés et deux chirurgiens, les seuls qui se fussent trouvés disponibles pour suivre le docteur Renaud, chirurgien-major de la colonne. Ils étaient exténués, et réclamaient de l'eau, les uns pour leurs plaies, les autres pour leur soif; il m'en restait un peu, que je leur donnai. Les corvées en apportèrent ensuite après beaucoup de temps et de peine. La chaleur se supporte en marche : elle accable les corps au repos.

Enfin, nous vîmes arriver, vers quatre heures, le maréchal et l'armée; à huit heures nous étions au bois des Oliviers. Tout était disposé comme au 15 juin, l'armée occupant tout le bois jusqu'aux vallées qui resserrent ses limites, avec des postes en avant et en arrière; les Arabes, retirés pour la nuit dans leur camp des Soumata, à deux lieues à l'ouest. Vers neuf heures, quand le jour fut tombé, nous allâmes nous remettre en batterie comme pour la retraite du 15; puis l'armée se mit en marche, défila derrière nous, et entra silencieusement dans le sentier. Les feux restaient allumés autour du bois, et l'ennemi ne parut pas s'apercevoir de ce départ. La batterie Conrot prit son rang vers la fin de la longue colonne : placé en tête, j'étais monté à cheval pour servir de guide et conduire toujours les mulets dans un sentier qu'ils pussent suivre. C'était une nuit sans lune, mais belle, et qui permettait aux étoiles d'éclairer la route jusqu'à un certain point ; nous pouvions mesurer ainsi les mille délais qui retardent la marche d'une pareille colonne. A chaque instant, l'infanterie s'arrêtait devant nous ; je mettais pied à terre et, la fatigue m'accablant, je m'endormais en touchant le sol. Plusieurs fois je fus éveillé par des coups de fusil, de fausses alertes, dont l'une coûta la vie à quelques hommes du 15ᵉ léger. Nous entendîmes, au commencement de la nuit, un éclaireur arabe crier d'une voix retentissante : « Les Roumis s'en vont ! » Mais sans doute il fut impossible de réveiller l'armée, et nous passâmes sans agression.

Il était près de minuit quand nous entendîmes en avant un cri horrible, celui des chevaux en détresse, celui que Cooper signale dans le *Dernier des Mohicans*, et que j'ai reconnu cette fois-là seulement. Un caisson de l'artillerie de campagne, portant seulement quelques ferrures, mais traîné par des chevaux épuisés de jeûnes, de veilles et de fatigues, avait reculé dans ce passage, suspendu à la tête du ravin dont j'ai parlé en décrivant le tracé de cette route. Les conducteurs, sentant leurs chevaux entraînés malgré leurs efforts, avaient pu se jeter, par-dessus les sous-verges, du côté de la montagne; mais le caisson avait roulé avec ses dix chevaux, et avait été précipité à 60 ou 80 pieds de profondeur. Sept chevaux périrent sur le coup. Quand nous arrivâmes au plateau où aboutit cette rampe (c'est celui de la mine de cuivre), nous le trouvâmes illuminé du feu des torches. En bas, le caisson, qu'on avait désespéré de sauver, brûlait, éclairant aussi le fond de la vallée. Les capitaines de Sainte-Foix et Choppin d'Arnouville criaient leurs ordres aux travailleurs descendus près du caisson. C'étaient le bruit et l'éclat au milieu du calme et de la nuit; mais peu importait alors que notre marche se révélât; les dernières troupes s'accumulaient sur le plateau, et l'accident du caisson menaçant de mettre quelque désordre dans la retraite, l'ordre de coucher où chacun se trouvait courut de rang en rang. Je me jetai dans un buisson et j'y dormis les quatre meilleures heures de sommeil dont le souvenir me soit resté. J'étais debout depuis une heure du matin.

A quatre heures, je vis le maréchal et le colonel de Salles, sous-chef de l'état-major, son gendre, donner des ordres pour la marche. (Le chef d'état-major était le général Schramm.) Une heure après, nous étions au Col, et une partie de la colonne continua la marche sur Blida, afin d'aller chercher le ravitaillement destiné à Médéa. Je fus laissé au commandement de l'artillerie du Col, et j'étais, je me le rappelle, assez affaibli pour ne gagner qu'à grand'peine les sommets où quelques pièces étaient établies. Un phénomène assez étrange marqua cette journée. Le vent du nord apportait des nuages qui ne dépassaient pas le plateau que nous occupions. De l'autre côté, nous sentions le souffle chaud et sec du vent du sud; la lutte s'établissait au Col même, et nous étions alternativement mouillés par le brouillard, et brûlés par le siroco. Au sommet des hauteurs qui se dressent sur l'étroit plateau, le vent chaud régnait sans contestation.

Le convoi revint le 29, et nous descendîmes au bois le soir même; j'avais insisté pour faire partie de cette dernière promenade et dire adieu à Médéa, car j'étais capitaine et classé en France depuis le mois d'avril. Rien de particulier ne signala cette opération, si ce n'est que le 30 juin, comme nous laissions à gauche le sommet du Nador, et les tirailleurs arabes qui nous envoyaient de là quelques balles, une grêle effroyable, éclatant sur les deux partis, fit cesser le combat et mit en désordre toute la colonne. Je fus l'un des cavaliers en petit nombre qui restèrent à cheval. Tout enveloppé que j'étais de mon manteau en toile cirée, je fus contusionné par les grêlons et traversé par l'eau. Le vent était si violent qu'il me soulevait sur ma selle arabe, et que mon cheval appuya la croupe au vent pendant les trois quarts d'heure que dura l'ouragan. Enfin revinrent le calme et la lumière ; les mulets dispersés furent ralliés, rechargés au besoin, et la colonne arriva à Médéa, où le soleil lui fit oublier la tempête ; nous trouvâmes la ville dégagée et en état de défense. La garnison avait achevé très-vite un remarquable travail. Le lendemain, nous revînmes au bois ; le 1er juillet, nous étions au Col de bonne heure. Vers quatre heures du soir nous commençâmes à descendre, et l'arrière-garde ne quitta le Col qu'à la nuit. C'est que le maréchal avait résolu de profiter de cette occasion pour tirer vengeance des Mouzaïa, qui avaient escorté à coups de fusil tous nos convois, et avaient fourni leur contingent à toutes les attaques dirigées contre nous. Trois bataillons, aux ordres du colonel Changarnier (deux du 2e, je crois, et un du 24e), au lieu de nous suivre sur la route de Mouzaïa, avaient gravi la montagne entre nous et la Chiffa comme pour flanquer notre marcher, et s'étaient silencieusement établis au-dessus des pentes qui regardent la Mitidja, où la tribu occupait de nombreux villages. Ils y passèrent la nuit sans feux et sans bruit.

Nous, cependant, nous descendîmes vers les ruines de la Ferme. J'étais d'arrière-garde, et, arrivés vers le dernier tiers de la montagne où les attaques des Kabyles étaient d'ordinaire plus énergiques, nous y fûmes pris par la nuit. Aussi les Mouzaïa ne purent-ils nous faire leur conduite habituelle à coups de fusil; ils s'en dédommagèrent en nous criant toutes les injures que leur mémoire, et elle était riche, put leur fournir en français et en arabe. Ils me causaient un certain plaisir en avivant ainsi le souvenir des insultes que la journée du lendemain devait leur faire payer si cher.

La nuit fut calme et joyeuse entre toutes. On éprouve, en commençant une expédition, une gaieté mêlée d'ardeur et de curiosité inquiète. Le retour a d'autres joies : l'esprit est détendu, la mémoire enrichie, les affections resserrées. Je ne sais lequel vaut mieux. Mais quand au départ d'une expédition, le désir ou le besoin du repos me conseillait de rester, je songeais au retour, et je ne voulais pas risquer d'avoir à regretter les sensations qu'il donne toujours après les labeurs subis, les dangers éprouvés, les découvertes accomplies.

Le lendemain matin, nous quittâmes le camp de Mouzaïa, longeant le pied des montagnes de beaucoup plus près que dans les marches précédentes, les zouaves en avant et à droite. Bientôt des coups de fusil éclatèrent au haut des pentes, et des incendies s'allumèrent dans toute la montagne. Les hussards et chasseurs prirent en croupe les zouaves et coururent les porter jusque dans le lit de la Chiffa. Pris ainsi dans un triangle d'ennemis, les Mouzaïa n'essayèrent pas de résistance; toute leur fierté de la veille était tombée, et ils ne songèrent qu'à fuir. Beaucoup échappèrent en effet, grâce à leur connaissance des lieux. Mais la plupart des villages furent saccagés et brûlés : on ne put cependant les détruire comme ceux de la plaine parce que les maisons étaient généralement en pierre. Nos soldats furent étonnés de leur richesse, qui s'expliquait pourtant soit par les ressources qu'offrait à leur commerce le voisinage d'Alger (15 lieues sont peu de chose pour ces infatigables marcheurs), soit par les déprédations auxquelles ils s'étaient livrés avec les Hadjoutes. Je n'aime pas les razzias, et c'est la seule fois que j'aie vu sans regret accomplir une œuvre de destruction. Celle-là fut d'un bon effet. C'était le seul échec très-sérieux qu'eussent subi, dans cette campagne, nos turbulents voisins. Dans les combats, les pertes avaient été au moins balancées; et quant à Médéa et Miliana, leurs habitants étaient regardés comme des auxiliaires pour nous plutôt que pour l'émir. La nationalité à la tête de laquelle se plaçait Abd-el-Kader habitait la tente et le douair, et maniait la charrue et le fusil. Les maisons et le commerce urbain étaient pour nous.

A Blida, je trouvai le lieutenant Narey auquel je remis le commandement de ma section et mon équipage de campagne. Cette existence si pleine de mouvement et d'attrait avait pris fin pour moi.

J'échangeai contre la double épaulette mon épaulette de lieutenant que j'avais précieusement gardée jusque-là. Le 5, je rentrai à Alger, j'y reçus de nouveau l'hospitalité de Bosquet. J'y trouvai en convalescence notre commandant de l'artillerie, le général de Lahitte : nous venions d'apprendre sa nomination au grade de lieutenant général. MM. de Bourjoly, de Lamoricière et Changarnier étaient maréchaux de camp. M. de Cavaignac, nommé lieutenant-colonel, remplaçait M. de Lamoricière comme commandant des zouaves. Toutes ces nominations furent acceptées de l'armée avec un vif plaisir.

Le 11, je m'embarquai pour la France.

FIN.

VOYAGE AUX ZIBANS

(1848)

VOYAGE AUX ZIBANS

(1848)

PRÉAMBULE

Définissons d'abord ce qu'on appelle les Zibans. C'est la lisière du grand désert et le pays des riches oasis. C'est la partie nord de la vallée de l'Oued-Djedi, du fleuve Triton des anciens.

L'Oued-Djedi vient du Djebel-Amour, montagne située au sud-sud-ouest d'Alger, et se dirige vers les Syrtes, entre Tunis et Tripoli. Mais il n'arrive pas à la mer; et la partie inférieure de son cours n'est indiquée que par une série de lacs d'inégale grandeur.

La vallée de l'Oued-Djedi est fort basse et le lac Melrhir paraît être tout entier au-dessous du niveau de la mer. M. Duboc n'a trouvé que 114 mètres pour l'altitude de Biskara, qui est à quelque dix lieues du thalweg du fleuve.

Cette vallée, parallèle à la mer, en est séparée par deux chaînes de montagnes enfermant entre elles *la région des lacs*. Ainsi, le vieil Atlas est double, et les deux frères, regardant des horizons opposés, reposent leurs pieds, l'un dans la mer, l'autre sur le sable du Sahara, tandis que leurs reins robustes portent à mille mètres au-dessus de la mer le riche plateau, au climat presque européen, où Sétif, Batna, Tébessa s'élèvent, capitales promises à un nouvel empire, sur les ruines des cités détruites du vieil empire romain.

Chacune des deux chaînes présente, sur 60 kilomètres d'épaisseur environ, un sol extrêmement tourmenté, difficile, à peine coupé de quelques vallées étroites. Ces caractères sont bien plus marqués dans l'Atlas du Sud que dans celui du Nord, que nous connaissons mieux. La région des lacs, au contraire, est partout aisément praticable, et, bien que sa largeur ne dépasse pas celle de chacune des chaînes qui la limitent, elle offre à la culture un espace bien plus étendu, un sol plus uniformément riche; aux populations, des communications plus multipliées; au gouvernement, une action plus facile.

C'est sur le plateau que prennent naissance la plupart des grands cours d'eau qui se rendent, d'une part à la mer, de l'autre à l'Oued-Djedi. Les lignes de partage des eaux entre les bassins de la Méditerranée et de l'Oued-Djedi sont à peine marquées. Les fleuves du nord, le Roumel, la Seybouse, coulent parallèlement à la mer d'abord, puis ouvrent des brèches à travers l'Atlas et les creusent en vallées profondes. A l'est, le plateau s'incline vers Tunis, et y verse la Medjerda, dont les sources le sillonnent de leur large réseau. Au midi enfin, des rivières nées à la limite sud du plateau se précipitent à travers d'étroites ouvertures, traversent l'Atlas du Sud en y pratiquant d'affreux défilés ; mais, au sortir des montagnes, elles trouvent la vallée de l'Oued-Djedi et la parcourent, avant de parvenir au thalweg, sur des longueurs qui varient de 10 à 20 lieues. C'est là le fait caractéristique de cette contrée. L'eau, qui peut seule la rendre féconde, lui vient, abondante, des montagnes qui la dominent et lui versent la fertilité ; comme fait le Nil, apportant à l'Égypte les eaux de l'Abyssinie, au lieu de celles qu'un ciel toujours serein dénie à la terre des Pharaons.

Je n'ai pas parlé d'une région intermédiaire, d'une dépression du plateau comprise entre des soulèvements parallèles au grand Atlas du Sud. Cette région qui, sous le nom de pays des Chotts, prend une grande importance dans la province d'Oran, se réduit presque à rien dans l'est de nos possessions, et ne s'agrandit qu'au Hodna, sous le méridien de Dellys.

CHAPITRE PREMIER

MOTIFS DU VOYAGE.

Les rapports des bureaux arabes, ceux du capitaine de Larminat, et quelques renseignements venus de Tunis, avaient révélé l'existence de terres salpêtrées exploitables dans plusieurs localités de l'Atlas du Sud et de la vallée de l'Oued-Djedi. C'est là une richesse spéciale à certains sols et à certains climats. Le nitrate de potasse était exploité depuis longtemps sur le sol de l'Inde anglaise. Il s'agissait de savoir si l'Algérie, en cas de blocus maritime, pourrait reconstituer, par ses propres ressources, la poudre qu'elle consommerait. Je fus chargé d'aller voir de mes yeux l'industrie indigène du salpêtre, de rapporter des échantillons de la poudre, du salpêtre obtenus par elle, et des terres qu'elle exploite. Ce fut là l'occasion du voyage que je vais raconter.

CHAPITRE II

DE CONSTANTINE A BATNA.

Je partis de Constantine le 22 octobre 1848 avec le capitaine Chambeyron. Nous prîmes à Batna dix hommes appartenant à la deuxième section de la batterie que je commandais alors (9e du 13e régiment), avec autant de mulets portant des caisses vides : le 31, nous étions à Biskara.

Cette route, de Constantine à Biskara, est sans cesse parcourue depuis que le duc d'Aumale a établi ce dernier poste, qui surveille et prend à revers la contrée qu'enferment les deux Atlas. Aussi n'ai-je pas la prétention de rien dire de nouveau en la décrivant. Peut-être, cependant, l'histoire rapide des premiers jours de ce voyage ne sera-t-elle pas sans intérêt pour quelques lecteurs.

Déjà, au contraire de ce qui arrive dans les régions montagneuses, les horizons y sont très-étendus. De la Casbah de Constantine, on aperçoit, à 40 kilomètres de distance, le Djebel-Guerioun, au pied duquel naît le Bou-Merzoug, qui porte au Roumel, à Constantine même, les eaux de ces contrées. Pendant toute la durée des deux premières étapes, on peut se diriger sur cette énorme borne de la région des lacs. On suit d'ailleurs, à une distance du Bou-Merzoug qui varie de 4 à 10 kilomètres, la vieille route romaine, presque partout reconnaissable, qui joignait Cirta à Lambœsis[1] et à Biskara.

Le sol qui avoisine cette route est fertile, et nous le ferons riche un jour, je l'espère. Mais, en ce moment, le pays est presque désert, et nous avons à peine aperçu, dans l'intervalle des étapes, trois ou quatre bergers et un seul laboureur, je crois. C'est que, dans ces contrées si facilement abordables, le despotisme des beys a détruit toute existence communale sans pourvoir à l'impérieux besoin d'une police protectrice ; c'est que la population a fui ces champs où rien n'eût protégé son travail. Aujourd'hui, ce n'est plus qu'une terre de parcours pour les innombrables troupeaux qui viennent chaque année chercher, sous un ciel moins brûlant, la nourriture que leur refuse le sol desséché du Sahara.

Le second jour, nous arrivâmes, vers dix heures

---

[1] M. J. Renier assure que c'est là le vrai nom de la ville que nous appelions Lambœsa. Je n'ai vu ce nom mentionné que dans une inscription : *Genio Lambœsitanorum*, ce qui ne résolvait pas la question. Je m'incline, bien entendu, devant l'autorité du savant archéologue qui interroge avec un si intelligent dévouement les restes intéressants de la domination romaine dans ces contrées.

du matin, près d'un étang alimenté par l'Aïn-Gerchi, affluent du Bou-Merzoug. C'est le lieu de halte ordinaire, et cette circonstance attire là, comme en Europe, une population fixe : deux ou trois constructions européennes s'y montrent déjà, ainsi qu'un village indigène qui nous vendit des œufs et des poulets. Nous avions à gauche le Guérioun, à droite le Nif-en-Nser (bec de l'aigle), dont le nom indique assez bien la forme. Nous l'avions vu pendant les dernières heures de marche, et nous devions le voir encore aussi longtemps le lendemain. Sa hauteur égale ou dépasse celle du Guérioun : il tient la tête des montagnes de l'Occident dont la chaîne sépare des lacs le bassin du Roumel. Entre les deux, une montagne de forme conique et beaucoup plus petite semble avoir été jetée après coup, et la légende explique en ce sens sa présence entre les deux monts géants.

On conte, en effet, qu'autrefois les deux fiers rivaux, séparés seulement par la plaine et le petit lac, se combattaient sans cesse à grand renfort de tonnerre et d'éclairs. Sans cesse, la colère chargeait de nuages leurs fronts sourcilleux, et de continuels ouragans désolaient la contrée. Enfin, les habitants recoururent à Dieu, et le supplièrent de mettre un terme à la haine et aux luttes des deux terribles chefs des montagnes de l'Orient et de l'Occident. Dieu eut pitié d'eux et jeta entre le Guérioun et le Nif en-Nser cette autre montagne, petite, mais pleine de sagesse et d'esprit de conciliation. Elle sut apaiser les deux adversaires, et les habitants, rendus au bonheur et au repos, l'appelèrent la montagne de la Pacification.

Le soir, nous vîmes arriver M. le général de Ladmirault, parti le matin de Batna. Il venait de commander, pendant quelques semaines, la subdivision dont cette ville est le chef-lieu ; une nouvelle décision l'ayant appelé à un commandement beaucoup plus envié dans la province d'Alger, il avait voulu parcourir et apprécier le gouvernement qu'il allait quitter. Les ressources et la richesse de la subdivision de Batna l'avaient frappé, et il nous faisait part de sa surprise. « C'était, disait-il, le plus beau commandement de l'Algérie. » Il y avait trouvé partout le calme, une population assez serrée, le commerce et l'agriculture en vigueur, l'administration française acceptée, obéie. Le général m'avait connu en 1839 et 1840, à Coléa, où je commandais l'artillerie du camp sous les ordres du colonel de Lamoricière. M. de Ladmirault était alors adjudant-major des zouaves, et l'un des officiers les plus estimés parmi ceux qui avaient, à cette excellente école, appris la guerre d'Afrique. Nous devisâmes longtemps du passé et de nos amis communs, puis du présent et de l'avenir de Batna, dont les cartes étaient déroulées sous nos yeux.

Le matin, après avoir dit adieu au général, nous

continuâmes notre route vers le sud. Après 5 kilomètres, nous franchîmes le col presque insensible qui sépare les deux régions, et nous aperçûmes à notre droite un lac s'étendant sur une longueur de 3 à 4 kilomètres, au pied du Nif-en-Nser. Une longue bande de flamants s'en éleva, volant en lignes régulières et faisant briller à la fois, suivant des évolutions exécutées avec un remarquable ensemble, ou le pourpre de toutes les ailes, ou le blanc de tous les corps.

D'autres oiseaux aquatiques sont toujours en grand nombre au bord des lacs. Bientôt un second lac s'étendit à notre gauche, et nous nous trouvâmes sur une étroite langue de terre où se montrent pour la première fois, à ma connaissance, depuis la mer, des rochers de sulfate de chaux cristallisé.

Après une étape de 28 kilomètres environ sans eau potable (celle des lacs est chargée de sels et surtout, je crois, de sulfate de chaux), nous trouvâmes un ravin plus profond que les précédents, et qui remonte à grande distance dans une plaine peu accidentée. Peu à peu il devient humide, puis on trouve quelques flaques d'eau, puis une eau courante, vers laquelle se précipitent bêtes et gens. C'est l'Aïn-Yagout (fontaine du Rubis), près de laquelle j'avais campé, en 1847, au milieu d'un paysage désolé et couvert de neige. Aujourd'hui, je voyais de loin une grande construction en maçonnerie en marquer la source ; c'est le sceau de la civilisation imprimé au front de cette sauvage nature ; et là, comme presque toujours dans cette province, c'est un bienfait qui signale l'intervention française.

Dans ce lieu de halte obligée, le voyageur isolé trouve un abri contre la tempête et les bêtes fauves ; la source, reçue dans un conduit en dalles, lui fournit une eau toujours pure et commodément disposée ; une tribu, établie au pied du caravansérai, profite de l'abreuvoir et des petites dépenses des voyageurs ; elle veille à leur sécurité et fournit un relais à la poste. Enfin, au besoin, le caravansérai deviendrait une forteresse, et sa vue seule impose la tranquillité au pays. Si l'on parvenait à planter les bords de l'Aïn-Yagout, à garantir ces plantations de la dent des chameaux et de l'insouciante malfaisance des Arabes, sans doute on prolongerait son cours, et l'on augmenterait, au grand bénéfice de la contrée, le volume de ses eaux.

Pour la première fois depuis Constantine, on trouve un peu de bois entre les lacs.

Entre Aïn-Yagout et Batna, les signes de la transformation de cette contrée se multiplient. Ce sont d'abord des maisons de caïd, plus loin des moulins que fait tourner la rivière qui vient de Batna. Entre les deux, les ruines d'une ville romaine et le point d'où l'on voit, au loin, le Madrassen, monument d'une époque antérieure à la domination romaine et que les Français désignent sous le nom de « tombeau de Syphax ».

Dans toute cette partie du voyage, on aperçoit le Djebel-Tuggurth, à la cime conique couronnée de cèdres. Il est réellement à 3 lieues sud-ouest de Batna.

Enfin les montagnes qu'on laissait à gauche s'effacent et laissent voir la plaine de Chemora, au sud de laquelle Lambœsis s'appuie aux pentes des Aurès. La vallée que l'on vient de remonter s'élargit en continuant à s'élever vers le sud, sillonnée par les mille sentiers qu'y ont tracés les caravanes et les grandes migrations annuelles, dont c'est là la route principale. Batna est à la rencontre de ces deux larges trouées ouvertes aux vents dont s'abritait Lambœsis. Les édifices grands et réguliers que le génie affecte au service des troupes y tiennent la place principale.

Plus près de la rivière et des jardins sont les constructions basses qui complètent le camp; puis, au delà du rempart et d'un fossé, la ville, que j'avais vue dix-huit mois auparavant et que je retrouvais deux fois plus vieille qu'à mon premier voyage. Je passai une partie de cette journée à admirer avec une vraie joie les progrès qu'elle avait accomplis dans l'intervalle. Ses plantations s'étaient étendues; sa pépinière avait pris, sous l'intelligente direction d'un officier de la légion, un développement considérable. Deux fois la ville elle-même avait franchi les enceintes qui devaient l'enfermer. Ses progrès m'intéressaient comme ceux de l'enfant qu'on voit avancer en âge. J'avais vu, l'année précédente, en passant de l'expédition des N'Memchas à celle de Bougie, Sétif, alors vieille de neuf ans, et représentant un moment déjà plus avancé de l'enfance des cités.

Nous passâmes la journée du 26 à parcourir, guidés par nos camarades de l'artillerie et du génie, les ruines de Lambœsis, à lire les inscriptions, à compléter en pensée les monuments mutilés. L'insouciance arabe et le climat de l'Algérie ont préservé ces souvenirs du passé comme aurait pu le faire la lave d'Herculanum ou la cendre de Pompéi.

CHAPITRE III

DE BATNA A BISKARA.

Nous quittâmes Batna le 27 à midi. Le matin, les dix canonniers qui devaient me suivre dans tout le voyage s'étaient mis en route, et nous les joignîmes à cinq heures aux Ksours. Cette étape se fait, comme la dernière partie de la précédente, dans une vallée d'une lieue de largeur, fermée de hautes montagnes des deux parts. A gauche est l'Aurès, presque partout impénétrable; à droite les montagnes du Belezma. La route suit le pied de l'Aurès. Les pentes de celui-ci sont boisées en cyprès, en tamarins, souvent égayées par la verdure plus fraîche des pins d'Alep et presque toujours couronnées par des arêtes de rochers. A quatre lieues de Batna environ, on franchit sans s'en apercevoir la ligne de séparation des eaux. On campe, aux Ksours, au bord d'un affluent de l'Oued-Djedi.

Le lendemain, nous suivîmes la vallée de plus en plus tourmentée qui traverse l'Atlas du sud. Souvent il fallait passer la rivière, souvent monter, plus souvent et plus longtemps descendre; car on s'abaisse, pendant cette étape, de 500 mètres environ. Nous nous dirigions sur le Metlili, comme, les jours précédents, nous avions marché sur le Guérioun, le Nif-en-Nser, le Tuggurth. Sur toute cette route, des montagnes remarquables semblent veiller, sentinelles gigantesques, pour indiquer le chemin au voyageur et lui marquer d'avance le terme de sa journée.

Enfin, vers quatre heures, on a traversé une dernière fois la rivière. La route, désormais tracée avec l'énergique fermeté de la science et le travail patient de la civilisation, s'élève en s'attachant au flanc du Metlili. A gauche, la rivière devient plus profonde ; à droite, la montagne plus abrupte. Devant soi, on voit une autre montagne arriver à angle droit sur le Metlili, s'infléchir en l'atteignant, et incliner fortement les assises de ses rochers, comme si le sol manquait à sa base. Les deux chaînes semblent s'être rencontrées et fermer tout passage. Bientôt, en effet, les rochers s'accumulent ; la route n'a pas d'issue, barrée qu'elle est par une avalanche de pierres.

A ce moment un pont hardiment jeté vous ouvre accès sur l'autre rive. Vous vous y engagez inquiet, presque oppressé par cette absence d'horizon.

A peine avez-vous fait quelques pas, — du moins il en fut ainsi pour moi, — qu'un cri de surprise et d'admiration vous échappe : un autre monde vous est apparu !

Qu'on me pardonne de m'arrêter sur cette impression, la plus vive que l'aspect des beautés naturelles m'ait jamais fait éprouver. Quiconque aura, comme je l'avais fait, parcouru péniblement les 34 kilomètres qui précèdent et arrivera à El-Kantara un peu avant le coucher du soleil, la ressentira au même degré. C'est au moment où les montagnes se sont, à la fois, haussées et dénudées autour de vous, où tout le paysage s'est fait affreux, triste, obscur, — que tout à coup, à travers une étroite et longue brèche, vous retrouvez les horizons lointains, les teintes chaudes du soleil couchant ; et, à 500 pas de vous, un bouquet de 15,000 palmiers, à la fraîche verdure, comblant, comme un vase trop plein de fleurs, l'intervalle des deux montagnes ! A vos pieds bouillonne la rivière réfléchissant un ciel plus joyeux. Le monde du nord est derrière vous : voici la première oasis !

Désormais ces montagnes, à travers lesquelles il semble qu'un coup d'épée de Roland ait ouvert un passage, arrêteront les vents du nord. Vous n'êtes déjà plus dans les climats tempérés. Cependant, des chaînes plus étroites et plus basses barrent encore le chemin du sud. Ce n'est qu'à 50 kilomètres d'El-Kantara qu'on trouve le climat des tropiques et des différences tranchées, radicales avec les choses et les productions de l'Europe.

CHAPITRE IV

LE SAHARA.

Un chemin creusé dans le roc par les Romains, élargi jusqu'à la voie d'une voiture et flanqué d'un parapet par les soins du génie français, conduit du pont aux maisons de l'oasis. Ces maisons sont, comme celles des oasis en général, bâties en torchis et couvertes de terrasses soutenues par des charpentes en bois de palmier. Nous en vîmes peu, et malgré l'insistance des cheiks accourus pour nous faire accueil, nous n'entrâmes pas dans le village. J'avais formé mon petit camp au bord de la rivière, en face des jardins, et j'y reçus les dignitaires du pays. Nous échangeâmes force politesses : mais je préférai le plein air et la libre vue à l'asile que le cheik du village nous offrait dans sa maison pour mettre, disait-il, sa responsabilité à couvert vis-à-vis du commandant de Saint-Germain. Je le rassurai complétement sur ce point, lui disant que des précautions excellentes pour des hommes isolés étaient inutiles pour un détachement comme le nôtre. J'ai presque toujours campé ainsi en ordre et, autant que je l'ai pu, en rase campagne. La discipline et la poésie y gagnaient également.

Les deux journées suivantes furent sans fatigues et sans incidents. Mentionnons seulement une source chaude et la montagne de sel aux couleurs irisées qu'on longe avant d'arriver à El-Outaïa (la plaine). Celle-ci, que ne protége pas, comme El-Kantara, le voisinage immédiat des montagnes, n'a pas ou n'a plus de palmiers; ce n'est qu'une bourgade servant de dépôt et de magasin aux tribus nomades qui campent sous ses murs; c'était une station romaine. Je la visitai et fus reçu dans la maison du cheik; j'y vis même ses femmes, qui se retirèrent sans affecter la terreur dont semblent saisies les femmes du Tell à l'aspect d'un Européen. L'une d'elles, d'une très-grande stature, eût passé partout pour belle. Mais le teint des habitants des maisons est blafard et semble maladif, quand on le compare à celui des nomades qui campent sous les murs d'El-Outaïa. Ceux-ci sont très-bruns et paraissent animés d'une vie plus pleine et plus ardente. Ce fut l'un de ces hommes des tentes, Daïna, chef du goum des Saharis (c'est la tribu dont le territoire s'étend d'El-Outaïa à l'Aïn-Berika), qui nous fit les honneurs de cette halte. C'est un homme de cinquante ans, boiteux, grand cependant et beau cavalier, aux traits doux et bons. Il me joignit plus tard.

Le 30, vers une heure, nous trouvâmes, au delà d'un détour de la rivière, encore une barrière de rochers. Nous la gravimes en quelques minutes : arrivés au col (col de S'fa), nous eûmes sous les yeux un spectacle moins pittoresque, moins saisissant peut-être, mais bien plus imposant que celui d'El-Kantara : c'est la vallée de l'O. Djedi, c'est le Sahara « semblable à la mer », comme nous le disait, dans son poétique langage, Ali-Bel-Loul, le grand voyageur, quand, à Coléa, en 1840, le colonel Lamoricière l'interrogeait sur les chemins de Taza et de Tekedempt. « Semblable à la mer » : il avait dit vrai ! La légère brume du milieu du jour supprimait toute différence apparente, et, sur cette immense étendue, l'œil, plongeant sans obstacle, s'étonnait de ne pas trouver la voile de quelque pêcheur. La sensation de l'*espace* n'est pas plus profonde pour qui voit la mer immense ; elle est pour les habitants du Sahara le principe d'un patriotisme exclusif, dont je compris quelques jours plus tard les aspirations et les plaisirs.

Biskara est à l'entrée du désert. C'est un bois de 8 kilomètres de tour, formé de 135,000 palmiers à l'ombre desquels s'abritent les eaux, les maisons et les arbres fruitiers de moins haute stature. Elle est percée d'un nombre infini de canaux, découpée par des murs de jardin, incessamment parcourue par une population laborieuse et intelligente, qui se répartit en trois villages, dominée enfin par le minaret de la mosquée principale, placée elle-même sur un terrain élevé de quelques mètres. Par suite des continuels échanges qui se font entre le Tell et le Sahara, cette ville, qui touche d'un côté au dernier gradin de l'Atlas, et s'ouvre de l'autre sur le pays des oasis, a pris une importance considérable. Elle est la capitale des Zibans, vaste contrée qui comprend, dans la vallée de l'O. Djedi, la valeur de deux de nos départements. C'est un poste très-bien choisi pour dominer le pays.

J'y fus guidé par le sous-officier Manès, qui commandait à Biskara un détachement de ma batterie : j'y trouvai un air de richesse, des habitudes de politesse bienveillante, auxquels les indigènes du nord ne m'avaient pas habitué. Les murs, les chemins étaient bien entretenus. Les maisons étaient, comme celles d'El-Kantara et d'El-Outaïa, en torchis et palmier; quelquefois des pierres romaines, portant encore une inscription votive ou funéraire, en soutiennent l'encoignure. Quelques constructions plus grandes et mieux établies servent de mosquées ou d'écoles.

La casbah est située sur le petit plateau qui porte la grande mosquée. Elle domine donc aussi l'oasis, et la vue peut, de ses terrasses, dépasser les palmiers. C'est un bâtiment en fer à cheval, comprenant plusieurs cours et des pavillons où logeaient l'état-major et la petite garnison française. La constitution lamelleuse et molle du bois de palmier ne permet pas de donner de grandes portées aux charpentes : les salles sont petites. Cependant le commandant de Saint-Germain avait réussi à se donner les moyens d'exercer chez lui une hospitalité que rien ne trouvait en défaut. En son absence, les traditions de ce petit palais furent suivies avec une grâce parfaite par le capitaine Touchet et le lieutenant Dubosquet, chef du bureau arabe de Biskara. Celui-ci eut la complaisance de nous faire en détail les honneurs de l'oasis et de préparer notre voyage en recueillant devant nous les renseignements qui pouvaient nous être utiles. Il nous montra le jardin du commandant supérieur, séquestré, je crois, sur l'ordre de Bel-Hadj, le chef actuel des opposants du Sahara, l'auteur du meurtre des Français laissés à Biskara en 1844. Le commandant Saint-Germain songeait à tirer de ce jardin d'importantes utilités. Pendant le voyage qui, à ce moment même, le tenait éloigné de son commandement, il avait conféré à Alger avec M. Hardy, le savant directeur du jardin d'essai, des cultures qui pourraient être entreprises à Biskara. Ce n'est guère que là, en effet, qu'il peut être question de canne à sucre, de café, etc. Jusqu'à Biskara le climat de l'Algérie diffère peu de celui d'Hyères, et surtout du climat de Grenade et de l'Andalousie.

Nous assistâmes à la récolte des dattes : elle se

fait peu à peu et dure longtemps. Nous vîmes les jardiniers grimpant aux arbres au moyen des saillies régulières que laissent sur toute la longueur du tronc les feuilles tombées des végétations successives. C'était aussi le moment où l'on plantait les drageons qui doivent remplacer ou étendre les cultures actuelles. Le commandant avait essayé avec quelque succès des semis de plantes fourragères.

Dans tous les Zibans, au reste, les dattes communes sont beaucoup plus abondantes que les tegletnour ou dattes fines. Les meilleures que produise l'Algérie paraissent être celles des oasis de Souf, au sud du lac Melghrir.

L'oasis donne encore des olives, des figues, quelques oranges et les autres fruits du nord de l'Afrique : tout cela vient à l'ombre des palmiers. Le poivre long, dont la cuisine indigène fait universellement usage, m'a paru être le seul légume généralement cultivé.

Le génie a fait construire au Ras-el-Ma (tête de l'eau), en dehors de l'oasis et sous l'influence des vents, un grand bâtiment destiné à remplacer la casbah et à maîtriser les villages en leur coupant l'eau au besoin. Cette fois enfin nous avons renoncé à l'affreuse architecture de nos casernes, et suivi de très-loin les errements des constructeurs du Midi : la disposition des bâtiments et des cours indique quelque souci du soleil et des vents, et une glorieuse indépendance des règles faites pour la Flandre ou la Bretagne. Une belle et large route, ouverte à travers les palmiers, conduit de l'ancienne à la nouvelle casbah.

Nous ne passâmes qu'un jour à Biskara, complétant notre matériel et surtout les indications relatives à la route. Pendant cette journée du 31 octobre, quelques gouttes d'eau, chassées par un vent violent, tombèrent sur l'oasis.

Le 1ᵉʳ novembre nous partîmes pour Lioua, le premier gisement de salpêtre qui nous eût été indiqué. Il m'avait souvent semblé reconnaître le goût du salpêtre dans les efflorescences que laissent chaque été les lacs des plateaux, et notamment dans celles d'un lac que l'on rencontre en allant de Ghenchela à l'Aïn-Zoui, à peu près à moitié chemin. Je ne doute pas que les gisements de salpêtre ne soient en très-grand nombre ; mais il était impossible de reconnaître dans cette course les ressources du pays sous ce rapport. Nous n'avions à voir que les exploitations en exercice dont les produits constatés pouvaient être utilisés au profit des relations de la France avec le Sahara, et peut-être au profit du pays et du budget.

M. Dubosquet nous avait donné six hommes d'escorte commandés par Lárbi, qui devait aussi me servir d'interprète. Les dix canonniers et le brigadier de ma batterie que j'avais pris à Batna m'accompagnaient. En comptant les deux capitaines, leurs ordonnances et leurs montures, la caravane se composait de vingt-deux hommes et vingt et un chevaux ou mulets. Je n'ai pas à parler de mes canonniers, que je trouvai pendant toute la route disciplinés, pleins de zèle, toujours prêts à tout faire avec un empressement affectueux qui rend le commandement facile et agréable à exercer. Leur histoire sera complète quand j'aurai dit que pas un homme ne s'attira une réprimande, que pas une bête ne fut blessée ou ne parut souffrir pendant ce petit voyage. Les canonniers s'y intéressèrent du reste, comme il arrive toujours à nos soldats ; Caby, mon vigoureux brigadier, allongeait ses étapes pour chasser, et pêchait à l'arrivée.

Je pensais — mais mes propositions dans ce sens ne furent pas acceptées au ministère — qu'on pourrait laisser, sous notre surveillance, la préparation du salpêtre dans les mains des Arabes, en organisant cette industrie à peu près comme celle des tabacs, et réservant au gouvernement le monopole des produits, — ou bien toucher l'impôt en salpêtre.

Notre caravane comptait quinze Français et sept hommes d'escorte. Celle-ci était quelque chose de tout à fait nouveau pour moi. Elle était fournie par la nouba de Biskara, espèce de gendarmerie de milice, recrutée parmi les six tribus principales qui obéissent au commandement supérieur de Biskara.

Lors de la migration du printemps, chacune de ces tribus laisse au désert dix hommes (les mêmes hommes peuvent rester plusieurs années) qui sont chargés, sous le commandement d'un maréchal des logis et de brigadiers nommés par le commandant supérieur, de la police des Zibans. Lârbi, le chef de cette brigade de sûreté, que M. Dubosquet nous avait donné pour guide, a lui-même une intéressante histoire. Il est né sur les bords de la Dora-Baltea, et, tout jeune, est venu servir dans la légion étrangère. Il déserta, je ne sais pourquoi, par désir seulement, je crois, de voir des pays et des hommes nouveaux. Il vint parmi les Arabes, apprit leur langue, et s'appropria leurs mœurs jusqu'à un certain point. Mais, dans ce pays tout aristocratique, il eut à mener une rude vie sans honneur, sans richesse, sans famille, et en vint à se repentir d'avoir rompu avec les Français. Cependant il ne pouvait revenir à eux sans danger pour sa vie qu'en rendant un grand service qui lui valût l'indulgence. Ce fut l'objet d'une négociation avec l'autorité française, et Lârbi s'engagea à livrer Si-Zerdoud, le grand agitateur de la province de Bone en 1845. Sur ses indications, Si-Zerdoud fut en effet atteint et tué dans le cercle de Philippeville, et Lârbi retourna à Biskara, non plus en exilé, mais en agent des Français. Il parlait un français bizarre, celui des casernes, abondant en figures et en tropes repoussées par l'Académie, mais auxquelles l'absence d'intention de violence ou d'insolente énergie donnait une physionomie étrange et naïve. Son arabe était, je crois, à peu près aussi incorrect, mais il se faisait très-bien comprendre dans l'une et l'autre langue. Il paraissait extrêmement dévoué au commandant Saint-Germain, qui l'avait souvent chargé de missions importantes. Il a tout à fait le costume et les habitudes du pays et nous donnait souvent, pendant la route, le spectacle d'une fantasia. L'un de ses hommes partait à toute course, et Lârbi le poursuivait le fusil à la main. Le fugitif donnait tous les signes de l'effroi et du désespoir; le vainqueur le poursuivait plein d'insolence et d'ardeur, le fusil en joue, la bride passée dans la main gauche, les éperons au flanc du cheval. C'était une course à fond de train à travers les inégalités du sol. Puis enfin Lârbi lâchait son coup de fusil en tirant à terre, jetait l'arme dans la main gauche, et, mettant le sabre à la main, continuait un instant la poursuite. Puis tous deux tournaient bride et revenaient au petit galop, prêts à recommencer avec une résignation parfaite d'une part, une ardeur remarquable de l'autre, et beaucoup d'entrain chez les quatre acteurs de cette petite scène.

Nous remarquâmes, en quittant Biskara, les traces d'un vent violent auquel avait la veille succédé une petite pluie. Derrière chaque touffe de thym ou de jujubier s'allongeait une petite masse de sable fin de forme analogue à celle de la neige projetée derrière un obstacle. De plus, quelques grains de sel marin à saveur très-prononcée blanchissaient la surface du sable.

La direction qui résultait de ces indices était celle d'un vent d'est, et je sus plus tard que le même jour un siroco très-violent avait soufflé à Philippeville. L'histoire météorologique du Sahara et des pays barbaresques est à faire et sera pleine d'intérêt.

Le sol est formé d'un sable très-fin dont l'agrégation est facile à détruire. En général il est uniforme, élastique, et la marche y est facile et prompte. Aussi les journées de voyage sont-elles longues au Sahara, même indépendamment de la constitution sèche et vigoureuse des habitants. De temps à autre seulement on se trouve au milieu d'arâg, ou vagues de sable mobile, de hauteur variable entre 2 et 6 pieds ; la marche devient alors très-fatigante. Mais les arâgs ne durent en général que peu de temps ; nous les avons trouvés de 1 à 6 kilomètres en général. Une seule fois, entre Tolga et Sersous, il nous a fallu parcourir 12 à 15 kilomètres de sables.

Vers 10 heures, nous traversâmes une partie assez marécageuse où le sol était noir. Lârbi nous expliqua que c'était l'ancien lit de la seghia d'Oumach. (Une seghia est un canal d'irrigation destiné à alimenter une oasis.) Oumach était en vue à une lieue à notre gauche ; comme ce canal portait à Oumach des eaux sales et malsaines en été, les habitants, sur le conseil et sous la direction du commandant Saint-Germain, avaient détourné la seghia jusqu'aux sables, qui depuis un an la laissaient arriver propre et salubre ; elle sera ainsi jusqu'à ce que les détritus apportés de la montagne aient changé la nature du sol. A 1 kilomètre du premier lit, nous trouvâmes le lit actuel creusé au pied de petites collines un peu fixées par des tamarins et pouvant protéger le canal. Les bords de celui-ci sont verticaux, ce qui indique dans le sol un certain degré de ténacité. Nous déjeunâmes sur la rive droite, et l'un des hommes de l'escorte partit en avant pour préparer notre réception à Oughlal.

Après douze heures de marche, nous traversâmes une oasis (Mlili) entre Mnela et les zaouïa de Mlili et de Bégou ; elle paraît riche, et sa mosquée, la principale de la tribu des Cheurfa, jouit d'un renom de sainteté. Nous avions laissé à trois lieues à droite Lichana, Farfar et Zatcha. Pendant une halte de quelques minutes à Mlili, on nous apporta l'eau d'une source meilleure que celle des seghia ; puis nous passâmes outre. Lârbi nous expliqua que la bonne volonté des gens de Mlili était plus douteuse que celle des gens d'Oughlal ; et sans doute l'influence religieuse y était plus hostile aux Français. Toujours est-il que nous traversâmes l'étroit espace qui sépare les deux oasis, et après une marche de quelques minutes entre les palmiers, nous arrivâmes chez le cheik d'Oughlal.

Prévenu par l'homme envoyé de la halte, il avait relégué ses femmes dans la partie la plus éloignée de sa maison, et nous reçut avec une politesse empressée dans la première pièce. Les mulets furent campés sur une petite place qui servait de marché ; les canonniers dans une sorte de vestibule, et nous dans une grande salle éclairée par en haut au moyen d'un trou pratiqué dans la terrasse. Des tapis y avaient été préparés. On y apporta le couscoussou, et un cercle de cinq ou six grands de la tribu se forma autour de nous. Le plus communicatif était le cheik de la tribu des Cheurfas, vieillard de quatre-vingts ans passés, souple, intrigant, avide, ayant, j'imagine, les qualités et les défauts des rayas habitués à se ployer aux habitudes et aux exigences de maîtres divers. Sur un seul point, il était difficile de lui faire entendre raison et de le déterminer à adopter les mœurs françaises. Il ne résistait jamais à la tentation de piller ses subordonnés et de tirer largement profit de ses fonctions de collecteur de taxes. L'année précédente, me conta Lârbi, le vieux cheik ayant perçu 3,000 francs de plus que le tribut, le hasard avait fait découvrir la fraude au commandant Saint-Germain : celui-ci, outré d'indignation, avait fait venir l'infidèle mandataire, le menaçant de le châtier et de donner sa place à un autre. Mais le vieux chef avait si bien fait, à force de sang-froid, de plaisanteries, de belles paroles et d'ingénieuses explications, que le commandant s'était mis à rire, et l'en avait tenu quitte pour une restitution complète, qui lui avait bien fait saigner le cœur. Il faut dire, au reste, qu'il n'est pas très-facile de destituer ces chefs, qui tiennent de leurs familles un pouvoir héréditaire. Ce pouvoir, dans les mains d'hommes nouveaux, n'obtiendrait que le respect imposé par la force, et chancellerait à la première faute ou au premier péril. — Le vieux cheik était presque aveugle : après avoir causé avec beaucoup de volubilité pendant une demi-heure, il s'excusa sur son grand âge et se retira. Nous restâmes avec mon hôte le cheik d'Oughlal et quelques-uns de ses parents et amis.

Je les interrogeais sur le régime de la propriété dans les oasis, sur les effets de l'administration française. Une de leurs réponses me frappa singulièrement : « Autrefois, me dirent-ils, on ne voulait pas embellir son jardin. Si quelqu'un avait un jardin beau et riche, le cheik venait et disait : « Ce jardin est à moi. » Mais maintenant chacun cultive et embellit de son mieux ce qu'il possède : il sait que le commandant Saint-Germain fera respecter sa propriété ! » Cela résumait une partie des bienfaits que le pays devait à l'administration française telle qu'elle était exercée depuis quatre ans par l'homme d'État distingué dont la carrière fut si malheureusement arrêtée l'année suivante. Ainsi il avait rétabli la police et la probité dans l'administration communale des oasis. Plus loin, nous trouvâmes des résultats de même nature obtenus dans l'administration générale et d'heureux témoignages du rétablissement de la sécurité publique.

Des lignes d'étapes avaient été disposées dans tous les sens à travers les Zibans, et les agents du gouvernement français voyageant dans l'intérêt du service devaient être accueillis et nourris selon leur rang dans les oasis. On nous devait des prestations de toute nature, et notre escorte veillait à ce que la nature et la quantité des objets fournis à notre caravane fussent convenables. Ordinairement nous recevions un mouton et quelques volailles. En outre, le couscoussou nous était offert; mais ce mets national était tellement relevé de poivre long qu'ordinairement, après deux ou trois bouchées prises en évitant de toucher à la sauce (magma), je mettais la main sur mon cœur pour remercier le plus gracieusement possible, et je refusais de toucher à cette brûlante nourriture. Une fois, à M'Gaouç, mes hôtes s'inquiétèrent de cet apparent dédain, et je fus obligé de leur expliquer que j'étais habitué à une autre cuisine et que leur couscoussou me brûlait les lèvres comme du feu. Cette explication les rassura, et ils firent apporter un couscoussou au sucre, mêlé de graines de grenades, friandise à laquelle je fis convenablement honneur. En échange, nous les invitions à prendre le café, ce qu'ils faisaient avec grand plaisir.

La conversation n'alla pas, comme à El-Kantara, jusqu'à une extrême fatigue. J'avais demandé à M. Dubosquet le moyen de mettre fin aux politesses beaucoup trop prolongées de mes hôtes sans les offenser, et il avait bien voulu me donner un talisman que j'employais souvent. Quand je désirais rester seul, je disais à mes hôtes la main sur la poitrine et du ton le plus poli possible : *Rôh bes slama* (va-t-en avec la paix) ! Ils se levaient, faisaient les compliments d'adieu, et nous nous séparions les meilleurs amis du monde.

Le plus grossier des escaliers montait de la pièce où nous étions sur la terrasse de la maison où était établie notre cuisine. Nous y passâmes la soirée avec plaisir. Mais la crainte d'inspirer quelque inquiétude à notre hôte gênait beaucoup nos mouvements, et je me promis de m'enfermer dorénavant le moins possible.

Nous partîmes le 2 au matin, après avoir dit adieu à nos hôtes et leur avoir laissé pour le bureau arabe une attestation de notre satisfaction. La grande fête (*ayd el kebira*), la pâque des musulmans, allait commencer, et nous avions laissé notre offrande aux nègres de l'oasis, qui étaient venus dans cette vue nous donner une sérénade — quelle musique, bon Dieu! — à la maison du cheik.

Nous nous dirigions droit sur l'Oued-Djedi dont nous étions alors à 6 kilomètres environ; nous laissâmes à droite Ben-Tious, dont les dattes sont célèbres. Lârbi nous montra un palmier qu'on appelle le palmier d'Ouaregla, parce qu'un homme d'Ouaregla serait, par suite d'un pari, venu d'une seule traite d'Ouaregla cueillir une branche à fruits à ce palmier, et serait ensuite, sans donner plus de repos à son mehari, retourné immédiatement à Ouaregla. C'était une course de plus de quatre-vingts lieues.

A cinq minutes de distance de Ben-Tious, coule (quand il coule) le grand fleuve du Sahara, le fleuve Triton des anciens, l'Oued-Djedi, qui parcourt 1,000 kilomètres depuis le Djebel-Hamour jusqu'au lac Melkhir, l'ancien lac Triton. A Ben-Tious, le bassin dont il parcourt le thalweg semble avoir 25 à 30 lieues de largeur. Sans doute, si des arbres couvraient cette immense étendue et y retenaient l'humidité, elle serait tout entière riche comme les oasis. Mais le lit de l'Oued-Djedi est presque toujours à sec, et les affluents de sa rive gauche, qui n'ont à parcourir qu'une quinzaine de lieues depuis les montagnes, entretiennent seuls un peu de vie dans sa vallée. Sur l'autre rive, les oasis sont rares comme les sources qui les alimentent. Plus loin, des couches de terrain perméables aux pluies apparaissent à la surface du sol, et des nappes souterraines s'étendent sous une province entière, l'Oued-Rouari, qu'alimentent des puits artésiens. Plus loin encore, des montagnes inexplorées, des forêts inconnues, attirent les nuages et donnent naissance à d'autres sources, à d'autres cultures. Mais l'Oued-Djedi s'appauvrit quand vient le printemps ; puis son lit n'est plus qu'un long marais où restent quelques flaques d'eau saumâtre et qui aboutit au lac Melkhir, marais immense à travers lequel le hasard a fait découvrir des passages, et qui recèle des abîmes et des terrains mouvants. La surface de ce lac et la partie inférieure du cours de l'Oued-Djedi sont au-dessous du niveau de la mer.

Quelques auteurs ont pensé qu'il n'en avait pas toujours été ainsi : s'il faut les en croire, dans un temps que bien des siècles séparent de nous, le fleuve coulait jusqu'aux Syrtes, ou la mer pénétrait au loin dans ces contrées. Elle fut refoulée par la masse d'eau que le fleuve Triton roulait en hiver : une barre se forma, et le fleuve, cessant de se rendre à la mer, s'étendit en lacs qu'épuisa le soleil de chaque été. La même cause aura agi plus d'une fois, et plusieurs lacs isolés marquent seuls aujourd'hui la continuation de la grande vallée jusqu'à la mer qui sépare Tunis et Tripoli. La hauteur des terres qui séparent ces lacs ne serait pas suffisamment expliquée par cette hypothèse.

Autrefois, disent les Arabes, des chrétiens habitaient ces contrées : elles étaient couvertes de verdure, et des fleuves magnifiques roulaient leurs eaux à la surface de la terre. Ces chrétiens, enflés par la prospérité, se livrèrent à tous les péchés qu'enfantent la richesse et l'orgueil, et le Seigneur, irrité contre eux, enfonça sous le sol les fleuves qui le fertilisaient ; les arbres, la verdure se flétrirent, et la faim détruisit les populations condamnées. Mais un jour des chrétiens aimés de Dieu doivent revenir sur cette terre, et rappeler à sa surface les fleuves qu'a fait disparaître la colère céleste : alors recommencera, pour cette contrée, une ère de bonheur et de prospérité.

Pourquoi ne serions-nous pas les chrétiens de la légende ? En interdisant le parcours indéfini aux moutons et aux chameaux, ne pourrons-nous faire reparaître les forêts ? En maintenant la paix dans le pays, ne pourrons-nous pas faire naître, dans les intervalles désolés qui séparent les oasis, des moissons qui rafraîchiront le sol ? Enfin nos puits artésiens, plus habilement et plus utilement creusés que ceux de Tuggurth, ne réaliseront-ils pas, presque à la lettre, les promesses du Prophète ?

Je me détournai de la caravane pour courir goûter l'eau et voir le lit du grand fleuve. L'eau était rare et détestable. Le lit, large d'une cinquantaine de mètres, emprunte, chaque hiver, une demi-lieue à chacune de ses rives. Je compris bien tout l'enthousiasme de Mungo-Park découvrant le majestueux Niger. L'Oued-Djedi ne peut pas l'inspirer, et sa vaste vallée est seule imposante.

Vers neuf heures, nous étions à Lioua, l'un des points où se fabriquent la poudre et le salpêtre. Là commençaient, par conséquent, nos opérations officielles. Nous allâmes camper à l'extrémité du village près de laquelle sont les ateliers, aujourd'hui fort réduits par l'administration française. C'est, en effet, une misérable industrie que celle-là. Elle est, à bon droit, en état de suspicion, et les rares ouvriers qu'elle emploie tremblent toujours pour la seule pièce un peu précieuse de leur matériel, la bassine en cuivre où ils font bouillir l'eau salpêtrée. Ils sont protégés, en dessous main, par l'autorité locale ; mais ils n'auraient nul recours, au cas où on leur déroberait ce gagne-pain, à la police française. Quant au reste de leur matériel, il est d'une simplicité primitive. Leurs cuviers sont des bassins en terre revêtus d'un mastic imperméable ; la terre à laver est celle même de l'atelier, que le vent se charge de restaurer en quelques semaines quand elle a été une fois exploitée. Le vent, qui remue du sel marin à Biskara et jusqu'à Ben-Tious, se charge désormais surtout de nitrate.

Nous fîmes rassurer les ouvriers sur nos intentions : nous n'étions pas chargés, leur fis-je dire, de poursuivre leur industrie, mais de l'étudier et de voir si le gouvernement français ne pourrait pas devenir leur client, à leur grand intérêt. Ils nous montrèrent, sans grand empressement, mais sans mauvaise volonté, tout ce qu'on pouvait voir en deux heures de leurs opérations. Je me proposais de m'arrêter davantage à Doucen, où se fait, m'assurait-on, le salpêtre d'élite.

A 3 kilomètres sud-ouest de Lioua, et à gauche de la route directe qui mène à Doucen, j'allai visiter avec un des guides deux ateliers de salpêtre. Ils ont bouleversé de vastes ruines romaines, et contrairement à l'habitude du pays, la ville ou le bourg antique n'est pas resté là comme il était tombé. Les ruines romaines qu'on rencontre si fréquemment dans ces contrées se ressemblent toutes : les voûtes et les planchers ont disparu ; la poussière apportée par les vents a rempli les intervalles des murailles. Mais on peut suivre la trace des murs et reconnaître le plan des rues et des maisons. Dans les oasis, il n'en est plus tout à fait ainsi, et souvent on peut lire quelque inscription latine ou païenne sur les jambages d'une porte de mosquée. Là où nous étions alors, à Kebabia, aux bords de l'Oued-Doucen, l'industrie a cherché sous les pierres romaines la terre que leur contact avait enrichie. Nous rejoignîmes la caravane à travers des arâg, et ce petit écart nous prouva deux choses : l'une, qu'on se perdrait très-aisément sur ce vaste espace ; l'autre, que nos Arabes possédaient une vue perçante que nous n'égalions pas, même armés de nos lunettes.

Cette excursion nous avait fait perdre une demi-heure environ. Il faisait chaud : la marche dans les arâg nous avait fatigués. Je suivais l'Oued-Doucen, indifférent en ce moment au paysage, et cherchant de l'eau pour la caravane. Enfin je me décidai à faire halte dans un endroit qui n'offrait que de l'ombre. Au bout de quelques instants, Lârbi vint me dire qu'au rapport d'un des guides nous n'étions qu'à un quart de lieue des puits du Bou-Adam. On se remit donc en marche : hommes et bêtes souffraient un peu de la soif, et les gourdes étaient épuisées. Les bords de l'Oued-Doucen sont loin d'être riches comme ceux de l'Oued-Biskara et des canaux qui en dérivent. L'horizon n'avait plus les nombreuses oasis qui l'égayaient la veille.

Aussi descendit-on avec empressement au bord de l'étang assez vaste que forme le Bou-Adam. C'est un puits artésien au fond du lit de l'Oued-Doucen. Il est assez profond et m'a semblé n'être pas sans analogie avec la fontaine de Nîmes. Mais quelle différence dans les accessoires et les entours !

Presque partout on trouverait de l'eau, je pense, en creusant le lit des fleuves. Ici, la croûte imperméable qui en forme la surface, crevée en quelques points, laisse surgir quelques jets qui tachent en noir les bords de leur trou et retiennent, à leur sortie de terre, quelques bulles sulfureuses. On les reconnaît au fond du petit étang qu'elles forment et qui repose sur un sol déclive comme une coquille marine. Des deux parts, les berges s'élèvent abruptes à une dizaine de mètres de hauteur. On s'y trouve donc dans un trou caché au reste de la plaine, et l'on s'y repose avec un sentiment du chez-soi que ne permettrait pas un espace plus ouvert.

Les chevaux furent débridés, les mulets déchargés. Tous, conduits avec précaution, burent à longs traits cette eau, dont la masse a perdu au grand air la légère odeur qui caractérise les sources.

Après cet indispensable préliminaire, chacun attacha son mulet à l'ombre; les chevaux des indigènes furent libres comme d'habitude de chercher leur pâture, puis j'allai m'asseoir près de Lârbi. Il causait volontiers, et je l'écoutais avec d'autant plus d'intérêt qu'il était au besoin d'une discrétion parfaite.

« La dernière fois, me dit-il, que je suis venu ici, j'y ai été moins tranquille. Les O. Djellal ayant volé les Bou-Azid, le commandant Saint-Germain m'envoya avec dix-huit cavaliers de la Nouba pour les razzer à leur tour, et les forcer ainsi à restitution. C'était pendant le ramadan, les journées étaient cruellement chaudes et longues. Je tombai sur mes maraudeurs le matin, comme ils commençaient à s'endormir ; je leur enlevai deux ou trois cents moutons et je repartis pour les Zibans, mes hommes poussant leur prise devant eux. J'étais au Bou-Adam vers une heure de l'après-midi, et nous y arrivâmes accablés par la fatigue, la chaleur et la faim. Je ne pus empêcher tout mon monde de se précipiter ici ; les bêtes burent l'eau des sources, les hommes s'étendirent à l'ombre des berges. Tout à coup les coups de fusil éclatent au-dessous de nous, les O. Djellal nous avaient suivis et atteints. Heureusement ils attaquèrent par la rive droite qui nous abritait. Chacun de nous sauta sur son cheval et partit au galop. Le butin fut perdu avec quelques pièces d'armes ou de sellerie. Nous étions tous perdus si nos chevaux eussent été à la chaîne comme ceux des Français. »

Vers deux heures, nous repartîmes. J'avais, depuis Biskara, chargé un mulet de 2 tonneaux de 60 litres qui pouvaient transporter l'eau nécessaire aux hommes de la caravane. Cette précaution assurait toute indépendance à nos bivouacs. Il suffisait que les bêtes eussent à boire une fois vers la fin du jour : on formait le camp en belle vue en se réservant seulement, avant la nuit, le temps de faire la soupe et de laisser reposer les mulets avant de les débâter. Nulle autre considération ne devait nous arrêter et diminuer nos étapes.

Mais il n'y a qu'ennui et chaleur incommode à attendre quand on s'arrête trop tôt. Cette fois, je fis monter mes hommes à mulet, je restai seul à pied au grand étonnement des Arabes, qui ne comprennent pas qu'on n'aille pas à cheval quand on le peut, et qui venaient m'offrir leurs montures; après 7 kilomètres environ, nous nous trouvâmes au Maader-bou-Melleh, sous le Kef-el-Khredim.

Un maader est une plaine humide ou seulement un peu plus fraîche que le sol qui l'environne. Ici par exemple le lit de l'Oued-Doucen se couvrait sur une lieue de longueur d'une herbe fine et assez serrée que paissaient de grands troupeaux de moutons. Quant au Kef-el-Khredim, c'est la ligne de collines qui marquent la rive droite en cet endroit. El Khredim (la négresse, la servante) est une goule (Goula-edj-Djouira) qui habite ces collines et joue de mauvais tours aux voyageurs qui ne sont pas en état de grâce. Ainsi Lârbi et le cheik Sliman des Bou-Azid, qui nous avait rejoints pendant la dernière marche, me racontaient l'histoire d'un homme du pays, saisi à la gorge par el Khredim et étranglé pour l'avoir voulu braver en insultant au pouvoir des génies. Une autre fois un Arabe, pressé d'achever son voyage, pousse son chameau dans la plaine où nous sommes sans prendre le temps de réciter ses prières, d'invoquer Allah et le Prophète, et de conjurer la négresse. Tout à coup son chameau paraît s'effrayer et commence à fuir en poussant ce cri affreux que nous connaissons pour l'avoir maudit cent fois. L'Arabe essaye en vain de le retenir, cherche la cause de son effroi, et aperçoit derrière lui la négresse qui, sans paraître faire de mouvements, se rapproche sans cesse ; alors l'infortuné excite à son tour la malheureuse bête ; mais quand il se retourne pour voir s'il a gagné du terrain, il voit la goule pendue à la queue même de sa monture. Dès lors il abandonne la conduite du chameau, implore Mahomet et cache son visage dans son bernous. Le chameau court, court encore ; son haleine devient stridente, et la terreur accélère son allure. Enfin, il tombe épuisé ; le lendemain, on trouva l'homme évanoui à côté du chameau mort.

Toutefois les démons du Sahara sont, en conscience, de meilleure composition que les nôtres. La Khredim se contente en général d'effrayer de son apparition ses visiteurs, surtout quand ils n'ont pas fait d'offrande aux arbres marabouts. Nous avions en effet rencontré çà et là quelque grand jujubier chargé sur toutes ses branches de chiffons de toutes étoffes et de toutes couleurs. Sliman, supposant avec raison que nous n'avions rien ajouté à cette profusion d'*ex-voto*, nous recommanda avec une amicale sollicitude de prendre garde à la goule. Mais l'hospitalité de la Khredim fut pour nous exempte de mal et d'effroi.

Ce digne Sliman avait rencontré à Lichana, sur les limites de ses domaines, M. Dubosquet, parti en même temps que nous de Biskara ; M. Dubosquet lui avait fait part de notre voyage et de son objet. Sliman était parti sur-le-champ avec un chameau chargé de provisions et deux femmes pour faire la cuisine. Il avait fait neuf lieues pour nous joindre, justifiant une fois de plus l'assertion des habitants du désert que les distances qui excéderaient le courage d'un homme du Nord ne sont rien pour eux. Il avait fait fausse route, pensant que nous coucherions à Lioua, ou du moins à Bou-Adam, et nous avait découverts ensuite, grâce à la finesse de sens qu'exerce l'habitude de parcourir ces solitudes. Sa smala s'était jointe à la nôtre, et des fantasias plus compliquées avaient animé la fin de notre étape.

Nous fûmes promptement amis. Sliman avait saisi avec une grande vivacité d'esprit les chances de commerce que notre voyage pouvait donner à sa tribu. Il commença par nous faire fête, il nous envoya des espèces de galettes qui remplacent le pain dans les festins des grands, une sorte de crêpe faite par les femmes qu'il avait amenées, des pastèques et l'inévitable couscoussou. J'ajouterai, et l'on me pardonnera ces détails, que mes canonniers et les hommes de la Nouba eurent les moutons les plus gras qu'ils eussent mangés pendant le voyage. Mes canonniers préparèrent simplement le leur à l'européenne. Les indigènes creusèrent un trou en terre, mirent de grosses pierres au fond et y firent brûler plusieurs fagots. Puis le mouton fut mis, vidé, mais entier du reste, sur les pierres et chargé de broussailles et de terre. Au bout de deux ou trois heures, on le retira, et il fut mangé avec des cris de joie. Lârbi insista beaucoup pour que j'y goûtasse ; mais je venais d'achever mon repas, et je n'étais nullement en disposition de recommencer.

Cette nuit fut une des plus agréables que je me rappelle. Le temps était magnifique, et les étoiles brillaient d'un vif éclat. Dans les broussailles près du Redir, l'éclat du feu des guides criait au milieu des teintes si douces d'une belle nuit. De temps en temps, l'un des leurs jouait sur une façon de flageolet des airs d'une harmonie simple que notre école lyrique n'eût pas avouée, mais à laquelle on s'habituait. Notre tente était à soixante pas en avant avec l'espace librement ouvert devant nous. Nos chevaux étaient couchés à gauche, fatigués de la journée et repus d'écorces de pastèque ; puis venait la corde des mulets, et derrière eux leurs bâts et leurs caisses parfaitement en ordre, puis les quatre tentes bien alignées où couchaient les canonniers. L'un d'eux veillait, le mousqueton à la main. Au loin, la lumière des tentes de Sliman peuplait seule la solitude. Du reste, aucun bruit, rien qui arrêtât l'œil. C'était la première fois que je jouissais pleinement du désert ; je ne l'avais vu jusque-là que d'un camp où vous enferment les exigences de la discipline, ou dans le voisinage des tentes de quelque tribu.

Le lendemain, 3 novembre, nous étions à Doucen dès le matin ; nous n'avions fait que 11 kilomètres. Doucen est une position importante et qui mérite qu'on en parle avec quelque détail.

C'est une oasis ruinée, c'est-à-dire la trace d'un affreux sacrilége. L'histoire de ce pays a dû reproduire, on le comprend, des guerres nombreuses, des conquêtes sanglantes, d'héroïques résistances, et les héros, et les tyrans, et les oppressions que font naître une grande division des territoires, des habitudes guerrières très-répandues, des prétentions aristocratiques très-orgueilleuses, une grande facilité de parcours. Les surprises à la suite desquelles on emmène les troupeaux, les femmes, les enfants, sont dans la bouche de tous les conteurs. Mais en général les oasis résistent, et Doucen en particulier devait être susceptible d'une grande résistance. Là les collines du Kef-el-Khredim se sont encore élevées, et à leur pied même naît l'abondante source qui alimentait l'oasis. La colline a 1 kilomètre environ de crête sans interruption, les mosquées de Djaroub en occupent l'extrémité est, et toute son étendue est semée de ruines romaines. On reconnaît encore les traces d'un ouvrage romain sur le monticule qui domine la source, et les ruines antiques se prolongent assez loin de l'autre côté du bassin, dans la plaine sans accidents qui s'étend sur la rive gauche. Ainsi, les gens de l'oasis pouvaient donner aux points principaux des remparts plus de solidité que n'en ont les constructions habituelles au pays ; l'eau ne pouvait être interceptée. Jamais les palmiers ne peuvent être brûlés, leur bois brûle aussi mal que celui du figuier, mais le palmier que la hache a frappé ne repousse pas du tronc ; il ne peut venir que de semis ou de drageons : et quand tous ceux d'une oasis ont été abattus, il faut bien que la population émigre. Alors les jeunes pousses ne sont ni soignées ni surtout arrosées. Elles ne peuvent donc reproduire l'indispensable couvert qui sauvait la fécondité de ce coin du désert et y maintenait la population. Désormais, au lieu de l'abri qui s'offrait au voyageur, du marché où le commerçant déchargeait ses chameaux, du délicieux ombrage qui charmait les yeux de l'artiste, ce coin de terre n'a retenu que son nom et des ruines que respecte longtemps l'action peu destructive de ce climat. A Doucen, bien des palmiers semblaient coupés depuis quelques jours seulement. Une douzaine vivent encore et étendent leurs gracieux parasols au-dessus du bassin de la source ; mais ils ne portent plus de dattes, mais l'eau ne circule plus dans des canaux entretenus par la main des hommes et protégés par l'ombrage des dattiers. Elle forme deux bassins communiquant par une petite chute que l'on franchit sur un pont grossier de troncs de palmier fait par le génie ; puis elle descend vers le lit que nous remontons depuis Lioua et disparaît avant d'avoir atteint le maader.

Les seuls habitants permanents de Doucen sont aujourd'hui les fabricants de salpêtre. Ils y trouvent une terre excellente à laquelle des réactions naturelles rendent rapidement le salpêtre enlevé par les lavages. Ils nous accompagnaient sur la colline et se jetèrent avidement sur la terre mise à découvert par une pierre romaine que nous fîmes retourner. Nous lûmes ainsi ce fragment d'inscription :

```
   VVS PIVS
   VCOS IIPR        ɔS
 ▻ TVTE SVA ◅       VS
    T LEG.ᵛ AV      PR
```

Le taf, l'elfa, le tamarix, toute la végétation du Sahara sauvage remplace les produits cultivés de l'oasis et alimente, mieux que ne le feraient les palmiers, le foyer des salpêtriers. Nous sommes à six lieues au nord des O. Djellal, oasis guerrière qui ne récolte pas le salpêtre, mais fabrique la poudre et a vigoureusement résisté, le 10 janvier 1847, au général Herbillon. Toutefois, l'énergie de l'attaque dirigée par les Français a vivement impressionné les populations sahariennes, et Lârbi en invoque le souvenir quand il veut déterminer à l'obéissance quelque oasis récalcitrante. Cet esprit de révolte qui devait, dans le cours de l'année suivante, produire la lutte acharnée de Zatcha, ne semblait pas né encore ou ne se révélait pas. Il est vrai que l'opération du recensement des palmiers commençait à peine dans les oasis voisines de Biskara ; et c'est cette opération, je pense, qui fournit de nombreux adhérents aux conseils du fanatisme religieux. Mais lors de notre voyage, nos relations, même les plus passagères, avec les indigènes, eurent un caractère de cordialité que je n'avais point connu dans le Tell ; partout les chefs insistèrent pour obtenir les témoignages de notre satisfaction, afin de les représenter au bureau arabe de Biskara. Nous eûmes à Doucen même la visite d'Issa-ed-Daïn, cheik des Ouled-Arkad (fraction des O. Naïls). Il nous apportait un mouton en diffa et demandait une sorte de procès-verbal de son hommage aux Français. J'admirai en lui un remarquable type de cavalier du Sahara. Il semblait avoir une soixantaine d'années : sa tête était celle d'un chef habitué à commander, à combattre, à être craint et respecté. Sa physionomie était grave et digne, avec quelque rudesse. Il avait cinq pieds sept à huit pouces, et son corps était mince, étroit, nerveux, comme est, assure-t-on, celui des Touaregs. A ce propos Lârbi me rapportait un dicton du désert qui compare à des planches les mangeurs de dattes.

Dans la journée, Sliman nous devança à El-Amri, limite nord de son territoire, pour y réunir à notre passage les Kebar ou grands de sa tribu des Bou-Azid. Pour nous, nous consacrâmes vingt-quatre heures à l'étude des procédés arabes de fabrication du salpêtre. La nuit fut encore très-agréable. Nous avions eu le temps de visiter les restes romains qui survivent aux vestiges de l'oasis sur les deux rives du ruisseau. Le commandant Saint-Germain devait faire revivre l'oasis de Doucen, dont il appréciait la position comme l'avaient fait les Romains. Il faut une volonté énergique et une grande puissance pour accomplir un pareil dessein. M. de Saint-Germain possédait l'une et l'autre, et, tant qu'il a vécu, son nom inspirait crainte et respect dans les Zibans. Si j'en juge par la manière dont Lârbi surtout parlait de lui et de Ben-Gannah, et aussi par la sollicitude avec laquelle les cheiks s'informaient de lui, son influence s'était tout à fait substituée à celle du chef arabe. Il relevait les Ben-Ferrath et dominait les deux familles rivales du Sahara. Malheureusement le respect héréditaire des Arabes pour leurs anciens chefs ne se déplace ainsi au profit d'un étranger que sous l'influence incessante de la crainte ou de la reconnaissance pour sa personne. M. de Saint-Germain inspirait alors l'une et l'autre. Mais la colère et le fanatisme les firent oublier, quand il resta quelques mois éloigné de son commandement : la révolte triompha de sa mort, si glorieuse et si chèrement payée qu'elle eût été ; et nul ne le remplaça au profit de la France. La conquête morale opérée pendant ces quatre années fut presque perdue.

Le 5 novembre, à six heures et demie du matin, nous nous mîmes en route, emportant de la terre de Doucen et accompagnés par les salpêtriers, qui profitaient de notre escorte pour se rendre à El-Amri ; de mon côté, je comptais tirer profit, pour nos recherches, de leur conversation. Après trois quarts d'heure de marche, nous trouvâmes un terrain plus accidenté. Quatre gazelles se sauvèrent devant nous et prirent chasse en se suivant sur une seule ligne ; elles courent si vite, que les poils blancs de l'arrière-train figurent des oiseaux qui raseraient les herbes. Un chien, qui voyageait avec nous et qui se lança à leur poursuite, fut distancé en un instant, et nos Arabes n'essayèrent même pas de les poursuivre.

Une demi-heure après, je lançai mon cheval à fond de train vers le sommet d'un monticule où paraissait un troupeau de soixante à quatre-vingts de ces gracieuses hôtesses du Sahara. Quand j'arrivai, elles avaient disparu et étaient hors de vue ; on parvient cependant à les atteindre en les fatiguant au moyen de relais de lévriers, ou bien en les chassant au faucon.

Cependant un ravin boisé paraissait à une demi-lieue vers notre gauche, et un gros animal noir parut sortir des herbes qui le couvraient et trotter vers Doucen. C'était un sanglier. A peine fut-il reconnu que tous les Arabes de l'escorte partirent de toute la vitesse de leurs chevaux, les uns se dirigeant vers l'animal pour le suivre, tandis que d'autres couraient en avant pour le couper. Caby, le seul des canonniers qui n'eût pas de mulets à conduire, courut au soutien des Arabes. Mais la chasse ne lui revint pas. Deux ou trois coups de fusil se firent entendre à une lieue à gauche, et nous continuâmes à marcher en suivant le chemin assez frayé qui mène à El-Amri.

Mais tandis que nous étions occupés de la chasse, et que je marchais à pied en tête de mon petit convoi, quelques cavaliers armés de fusils parurent à notre gauche, courant au bruit des coups de feu. Quand ils nous aperçurent, ils tournèrent vers nous, faisant signe qu'ils étaient amis, et, d'ailleurs, laissant leurs fusils au repos. Une vingtaine d'entre eux m'entourèrent. Le plus apparent mit pied à terre, en me demandant si je n'étais pas le capitaine Fabre, et, sur ma réponse, me remit la lettre suivante :

« Biskara, le 3 novembre. — Mon capitaine, une nouvelle inattendue me donne de l'inquiétude pour vous. Des cavaliers, serviteurs de Bel-Hadj, viennent de tenter une razzia dans le sud de l'Oued-

Djedi. Ils ne sont probablement pas seuls, et le succès qu'ils ont obtenu contre les O. Mouleit doit leur donner de l'audace. Je crains qu'à cette nouvelle les O. Sassi, qui n'ont pas encore fait leur soumission, ne recommencent leurs entreprises, et vous ne seriez pas en sûreté à Doucen.

» Je vous engage fort à retourner le plus vite possible dans les Zibans. Veuillez bien dire à Lârbi que je compte sur son intelligence, dont il m'a souvent donné des preuves. Dès que vous serez de retour dans les Zibans, vous serez en sûreté, et il vous suffira d'un ou deux cavaliers pour rejoindre Biskara. Lârbi s'établira alors avec les cavaliers que je lui envoie à Lioua, et aura soin de me faire prévenir de tout ce qui se passera. — Si ma lettre vous trouvait en route pour le Hodna, vous pourriez continuer sans crainte. Lârbi, dans le cas où il vous serait indispensable, continuerait à vous suivre, et il enverrait à Lioua un brigadier avec quinze cavaliers. » Cette lettre était signée de M. Dubosquet.

Je n'admettais pas que mon petit convoi fût tout à fait pourvu de défense, quoique mes canonniers fussent fort mal armés (ils avaient des carabines à tige, mais les balles appropriées à ces carabines n'étaient pas encore parvenues à Constantine). Aussi, dès que Lârbi me rejoignit avec son cheval couvert de sueur à la suite d'une course forcée de plusieurs lieues, je lui fis part de la lettre, et lui dis qu'il aurait à retourner à Lioua, en me laissant seulement deux guides. Il m'accompagna jusqu'à El-Amri, où nos routes se séparaient. C'est à El-Amri que finit le territoire des Bou-Azid.

Nous y retrouvions Sliman, qui pourvut encore splendidement à notre déjeuner. Comme j'allais remonter à cheval, je le vis arriver avec une douzaine d'indigènes en costume assez propre. C'étaient, me dit Lârbi, les *kebar*, les grands de la tribu. Ils m'entourèrent et commencèrent à débiter des discours que l'interprète me traduisait, chacun enchérissant sur les protestations de reconnaissance pour la France qu'avait exprimées son voisin. « La France, me disaient-ils, nous a donné la richesse ; mais, de ce qui nous appartient, bien peu est à nous, juste ce qui nous est nécessaire pour vivre : le reste est tout à son service! » J'écoutais gravement, trouvant assez étrange, à part moi, ce rôle de prince en voyage que les circonstances m'appelaient à jouer. — « La France, leur répondis-je, ne veut pas diminuer vos richesses, loin de là. Accroître sans cesse la prospérité de ce pays, y faire régner la justice et, par elle, l'abondance pour tous, c'est notre vœu ; ce sera le but et la récompense de tous nos efforts. Recommandez à tous la confiance en elle et l'esprit de paix. Plantez de nouveaux palmiers : autour de vos oasis étendez la culture des céréales, jusqu'à ce que vos champs couvrent tout le pays. Si vous vous serrez autour du gouvernement des Français, les maraudeurs respecteront vos champs, et vos greniers n'auront plus rien à demander à ceux du Tell. » Chacun d'eux vint à son tour me serrer la main en s'inclinant, sans faire pourtant le geste de la baiser. Leurs manières étaient à la fois plus cordiales et moins serviles que celles des habitants du Nord.

A peine étais-je à deux kilomètres d'El-Amri, que j'en vis sortir des cavaliers courant après moi. L'un d'eux était Lârbi lui-même ; il m'apportait une seconde lettre de M. Dubosquet. La razzia n'avait pas eu de suite : les moutons étaient repris, les maraudeurs en fuite ; nous pouvions continuer notre course dans les mêmes conditions que les jours précédents. Je vis avec grand plaisir revenir Lârbi, dont les manières me plaisaient et dont l'intelligence m'était fort utile.

A six kilomètres d'El-Amri, nous trouvâmes El-Bordj, oasis considérable que nous traversâmes sans nous arrêter, pour aller, à 2,500 mètres plus loin, à Tolga, l'une des plus puissantes entre ces riches communes. A droite, nous avions laissé Lichana, Farfar, Zaatcha. Nous approchions des montagnes, et les quelques lieues qui s'étendent à leurs pieds sont semées de riches et nombreuses oasis.

Je dérogeai, ce jour-là, à mon habitude de coucher en pleine campagne : j'étais bien aise de vivre un jour dans une oasis, au moment de quitter la région qui contient ces petites républiques. Le chef de celle-ci, Ben-Meïoub, d'une très-noble et très-sainte famille, nous dit Lârbi, nous fit l'honneur de passer toute la soirée avec nous. Il nous dit qu'il avait été confirmé ou placé même dans le cheikat de Tolga par le duc d'Aumale, et nous raconta longuement ses relations avec le prince. Il dîna avec nous et mangea, avec un plaisir évident, tout un plat de pommes de terre frites, préparées pour nous trois. Les plaisirs de la table paraissent être, au reste, généralement appréciés par ces grands feudataires, moins guerriers qu'autrefois et presque toujours, d'ailleurs, habitués à résider dans l'intérieur de leurs murailles et à faire, derrière leurs fossés, la seule guerre à laquelle ils soient ordinairement appelés. Ben-Meïoub est jeune et sa tête est belle ; il a une tendance à l'obésité, et Issa-ed-Daïn m'avait semblé bien plus beau.

Le soir, un véritable orchestre d'une vingtaine de musiciens vint nous donner une sérénade. Ben-Meïoub avait réuni la musique de sa chapelle, et c'était un grand honneur qu'il faisait à ses hôtes. La mélodie était bizarre, mais elle était réelle, et l'on en venait à l'entendre avec plaisir, quoique Félicien David ait encore bien modifié l'art arabe pour en faire supporter à notre oreille les phrases écourtées et l'harmonie inaccoutumée. La principale flûte manquait, nous dit-on, mais non pas les trompettes au son nasal, les tambourins et les petites flûtes faites de je ne sais quel bois blanc. La musique de Tolga jouit d'une grande réputation dans les oasis.

Le lendemain matin, Ben-Meïoub était à cheval pour nous guider lui-même hors de l'oasis. Il nous fit passer près d'un édifice assez grand, avec créneaux et mâchicoulis, qui défend l'entrée de Tolga du côté des montagnes. Il nous raconta la résistance vigoureuse que son frère, aidé des hommes de sa maison, avait opposée à Ben-Azzous, quand cet allié d'Abd-el-Kader essaya, à l'aide d'un bataillon prêté par l'émir, de pénétrer dans les Zibans. Le château montrait encore les trous faits par les boulets de Ben-Azzous. Celui-ci n'avait pu forcer l'entrée de Tolga. Le fossé d'enceinte est, du reste, large et profond.

Ben-Meïoub nous fit ses adieux à deux kilomètres de Tolga, à un petit col au pied de la mosquée de Sidi-Rouar. Déjà le sol commence à présenter quelques accidents. A six kilomètres de là, nous nous trouvâmes dans un défilé qui traverse une petite chaîne assez élevée, celle sans doute à laquelle touche Biskara. Le sol était devenu pierreux ; les broussailles y étaient assez abondantes, et j'y remarquai une sorte de melon sauvage. La halte se fit à seize kilomètres de Tolga, dans un lieu assez sévère et dépourvu d'eau. Le soleil s'était caché, et son absence ajoutait à la tristesse du lieu.

La seconde moitié de cette étape fut vraiment pénible. Pendant quinze kilomètres environ, nous voyageâmes dans les Areg. Cette mer de sable est tellement uniforme que nous nous y perdîmes deux ou trois fois. Je fus, du reste, surpris de la facilité avec laquelle s'en tiraient nos mulets et nos chevaux. Quant à moi, j'en parcourus la plus grande partie à pied, trouvant les Areg encore moins désagréables ainsi qu'en restant à cheval.

Enfin, nous débouchâmes dans une plaine qui s'étendait jusqu'au pied des vraies montagnes. C'est celle de l'Oued-Sersous, et elle s'appelle le Mâder-Rhamra. On y voyait çà et là des bergers, des laboureurs et des troupeaux de moutons, mais point de tentes. J'en demandai la raison à Lârbi, qui m'expliqua que les Rhamras n'habitaient cette plaine que pendant les semailles. Celles-ci duraient seulement quelques jours, et ils n'avaient pas besoin de faire dans le Mâder un établissement sérieux.

Le soir, quand nous eûmes, non sans quelque peine, traversé le lit assez fangeux de la rivière, et que notre camp fut établi sur la rive gauche, un certain nombre de Rhamras se rapprochèrent de nos tentes, et ils complétèrent les renseignements de Lârbi.

« Depuis très-longtemps, me dirent-ils, les O. Derradj (habitants du Hodna), qui peuvent mettre sur pied deux mille cavaliers, empêchaient toute culture jusqu'à Lichana, dans la région des oasis et jusqu'à El-Outaia, hors des palmiers. Si une oasis essayait de semer des céréales hors de ses murs, les O. Derradj accouraient et mettaient leurs chevaux au vert dans les champs d'orge ou de blé. Eux-mêmes se partageaient en fractions, dont les razzias réciproques arrêtaient aussi tout travail intérieur. Les Français les ont soumis en 1845, et, depuis ce temps, eux et leurs voisins travaillent et recueillent d'admirables moissons. La plaine où nous sommes n'est ensemencée que depuis deux ans. Mais, chaque année, Dieu, qui favorise les Français, a envoyé pendant l'hiver des pluies abondantes dans la montagne. La rivière s'est gonflée et a couvert tout le Mâder; la semence, fécondée par elle, a rapporté 90 pour 1. » Il est vrai que, si ce Nil au petit pied manque à fertiliser ses rivages, toutes les semences sont perdues. Mais le travail de l'agriculteur est si peu de chose dans cette terre facile entre toutes à la charrue! L'étroit binoir du Tell est une machine compliquée auprès de la charrue du Sahara. Et celle-ci ne sillonne le sol qu'une seule fois pour couvrir d'un peu de ce sable fertile le grain jeté sur la terre.

Nous dîmes adieu, le 6 novembre, à cette plaine et au Sahara. Nous allions nous élever au premier étage des montagnes, au plateau du Hodna, intermédiaire entre le Sahara et la région des lacs. Au moment où nous arrivions au pied des hauteurs, à sept kilomètres du bivouac, Lârbi me montra le revers des collines où s'était livrée la grande bataille à la suite de laquelle Ben-Gannah envoya tant d'oreilles à Constantine. Son récit dura longtemps, et je voudrais pouvoir le reproduire ici.

C'était, je crois, en 1839, et la France, intervenant dans les querelles du désert, avait remplacé par Ben-Gannah le cheik El-Arab du bey, Ben-Ferrath. Quand Abd-el-Kader essaya de soulever contre nous toute la régence, il envoya dans l'est Ben-Azzous, en l'appuyant d'un bataillon régulier. En outre, Ben-Azzous faisait valoir sa qualité de marabout et ravivait toutes les haines héréditaires des diverses tribus contre les Ben-Gannah. Les Bou-Azid et, je crois, les Saharis se joignirent à lui, et il marcha à la conquête des oasis.

Repoussé de Tolga, il atteignit au Foum-oued-Sersous (*foum*, embouchure, se dit du point où le fleuve sort d'une gorge pour couler en plaine) Ben-Gannah et toute sa smala. Notre cheik El-Arab avait demandé du secours à Constantine; mais à peine y connaissait-on le nom de Biskara : on n'y avait aucune notion du pays où il eût fallu risquer une colonne, sur la foi d'alliés douteux, et à quarante lieues de ses renforts. Ben-Gannah ne reçut donc du général Galbois que des encouragements à bien faire et à défendre seul son pays et le pouvoir de sa famille. Il s'y décida en brave soldat. Dans une ravine que Lârbi nous montrait, et qui ouvre dans la montagne un difficile accès, il plaça ses femmes, sa famille, ses chameaux. En avant, du côté de l'ennemi, il rangea quelques centaines d'hommes, égalant à peine, en nombre, la moitié des troupes de Ben-Azzous.

Mais, pendant la nuit, quelques-uns de ses anciens vassaux vinrent le trouver de la part des cheiks des tribus rebelles. L'orgueil de Ben-Azzous, ses manières hautaines de prêtre et d'étranger avaient choqué ces hommes habitués aux mœurs faciles de leur aristocratie laïque et surtout de Ben-Gannah, qui joint un bon cœur et des habitudes très-affables à l'avidité ordinaire aux chefs arabes. « Attaque sans crainte, lui dirent-ils, cet orgueilleux prêtre du Maghrab : les fusils des trois tribus qui l'ont joint ne tireront pas sur toi. Nous marcherons à sa suite, mais tu connaîtras que nos cœurs sont avec toi, quand tu l'aborderas. » Le matin venu, Ben-Gannah rangea ses hommes en bataille, leur fit part du secours qu'il attendait, et, donnant le signal du combat, courut le fusil haut contre Ben-Azzous, ordonnant de tirer sur les réguliers venus de l'Ouest. Les cavaliers de l'armée opposée tirèrent à leur tour, mais leurs fusils n'étaient pas tournés vers les Ben-Gannah. Un cri de victoire accueillit ce signe de leur défection. Ben-Azzous comprit qu'il était perdu, et s'enfuit avec ses serviteurs. Les malheureux fantassins réguliers se virent trahis, et, connaissant trop bien les mœurs arabes pour espérer merci, s'acculèrent à la montagne et y furent massacrés tant par les Ben-Gannah que par leurs alliés de la veille. Leurs oreilles furent salées, enfilées en chapelet et envoyées au général Galbois. La joie fut extrême à Constantine, et c'était à bon droit : les Zibans et le Hodna avaient, ce jour-là, rompu pour toujours avec l'émir. Les bataillons réguliers refuseraient désormais de s'y risquer, et la domination d'Abd-el-Kader ne devait pas dépasser Aïn-Màdhi.

On envoya à Ben-Gannah une dizaine de croix d'honneur. Il en donna à tous les siens, en commençant par les plus proches et comprenant dans cette distribution ses fils ou ses neveux en bas âge. Nous en avons vu, huit ans après, sur la poitrine de ces enfants devenus hommes. Par bonheur, ils s'en sont montrés dignes, et leurs vaillants cœurs les ont bien portées.

Depuis huit jours, notre marche avait été bien facile. Mais le passage du Teniat-el-Argoub et du Teniat-el-Saïba, qui se suivent entre le Màder-Rhamra et M'Doukal, est vraiment rude et difficile. Tous les ans, me dirent les guides, il s'y perd quelques chameaux. Il est à regretter qu'on n'ait pas encore eu le temps d'envoyer là un bataillon camper huit jours avec des pièces et des barres à mine pour rendre facile cette porte du désert. La route d'El-Outaïa (Teniat-el-Sosyni) est meilleure.

Sauf le passage de ces deux cols, la route est facile et agréable. Le sol est accidenté, la végétation plus variée que dans le Sahara. Nous dûmes faire la grande halte sans eau, à seize kilomètres du Màder.

A huit kilomètres de là, nous trouvâmes un sable mêlé d'argile et imprégné d'humidité. Bientôt après, une jolie rivière coulait dans un chenal en sable entretenu avec soin. Des troupeaux, des hommes, des femmes, commençaient à se montrer. C'était tout le mouvement qui avoisine un village riche ; et, de plus, des enfants courant au galop sur tous les chevaux, les mulets, les ânes de M'Doukal, y signalaient un jour de fête.

C'était en effet l'Ayd-Kebira, la Pâque musulmane. Chaque famille avait tué autant de moutons qu'elle comptait de mâles, même parmi les serviteurs. On avait choisi, pour le sacrifice, les plus beaux du troupeau, en les attribuant, par ordre de taille et de force, au chef, puis à son fils, puis successivement aux moins considérables. C'est que, si les péchés d'un musulman le chargent assez pour lui faire redouter le terrible passage du pont qui mène au paradis, il pourra se faire porter sur le mouton qu'il a sacrifié à la dernière Ayd-Kebira, et il importe, surtout pour les consciences chargées, que cet auxiliaire soit robuste. Ce jour-là, du reste, les enfants ont congé et peuvent tout se permettre. Ils ont surtout le privilége de courir sur toutes les montures qu'on leur interdit en tout autre temps. Je n'ai pas parlé des femmes ; on sait qu'elles n'entrent pas en paradis.

M'Doukal a encore des palmiers. Mais il faut y dire adieu à leurs tiges élancées, à leurs élégants parasols, à leur gracieuse verdure. Déjà les arbres fruitiers des régions plus froides s'y mêlent en nombre égal. Les abricotiers, les figuiers, les orangers, les oliviers y comptent pour 8,000 sur 14,000 arbres payant la taxe à M'Doukal.

Notre camp à M'Doukal fut encore un des plus agréables de la route. Je l'avais établi au bord de la rivière, en dehors de l'oasis, et entre quelques groupes de palmiers que je m'efforçai de reproduire. Mes essais de dessin et une promenade aux environs occupèrent cette après-midi. A la nuit, nous fûmes joints par Cheik-Daïna, le commandant du goum des Saharis, celui même qui nous avait si bien accueillis à El-Outaïa. Il m'était envoyé par le commandant Saint-Germain, alors de retour dans les Zibans. Daïna m'avait cherché depuis le matin, et avait fait une vingtaine de lieues avant de nous joindre. Dans la lettre qu'il m'apportait, le commandant m'exprimait son regret de ne s'être pas trouvé à Biskara pour nous recevoir. « Nous traversions, me disait-il, le territoire des Saharis de Mâder-

Rhamra à Berika. » Il avait donc jugé à propos de remplacer les six hommes de l'escorte par six spahis de Daïna commandés par le chef lui-même. Quant à Lârbi, il me recommandait de le garder jusqu'à M'Gaouc, où je trouverais un autre interprète. Mais, dès que Lârbi eut appris que le commandant était de retour, je le vis si empressé de le rejoindre, que je me décidai à lui rendre sa liberté le plus tôt possible. Je lui promis de le renvoyer à l'étape avant M'Gaouç, ses services m'étant inutiles en route.

Le lendemain nous devions longer le chott du Hodna, et traverser une région qui s'élargit beaucoup à l'ouest de nos possessions et au sud de la province d'Oran, mais dont l'existence est à peine sensible dans l'est de la province de Constantine. Après vingt-quatre kilomètres environ de route sur un sol léger, élastique, où la marche se prolonge sans fatigue, nous eûmes sous les yeux un lac considérable, se prolongeant à l'ouest à perte de vue, desséché du reste et dessiné non pas par une nappe d'eau comme un lac de Suisse, mais par l'absence de végétation et une efflorescence blanche, qui colore le sol comme du givre. Je descendis sur le terrain du chott, qui me sembla différer à peine de celui de la plaine voisine.

A trente-deux kilomètres de M'Doukal, nous trouvâmes Berika, la capitale d'un nouveau caïd, de Si-Mokran. Son caïdat est l'un des quatre gouvernements entre lesquels le duc d'Aumale a partagé l'ancien cheikat du Belezma. Le successeur des anciens cheiks vit à Batna comme un rayah détrôné de l'Inde anglaise. Il nous avait rejoints l'année précédente pendant l'expédition des N'Memchas : il avait l'esprit dérangé, ou peut-être feignait-il d'être fou pour que le général Herbillon se défiât moins de lui. Si-Mokran appartenait, comme Ben-Meïoub, à l'aristocratie religieuse, employée comme contre-poids à l'autorité laïque des grands vassaux du pays, mais peu populaire, ce me semble. Si-Mokran fut, si je ne me trompe, assassiné quelques mois après. Ce jour-là, il était absent de Berika et je trouvai l'accueil que nous firent son fils et son frère poli, mais guindé et peu cordial. D'ailleurs, Berika n'est plus une oasis ; c'est un énorme douair de cent cinquante tentes qui peut se déplacer tous les huit jours et ne se rattache à aucun centre de culture permanente. Il n'y avait aux environs que des pacages et quelques champs de céréales. Je n'y fis donc qu'une courte halte et remontai à cheval.

A un kilomètre des tentes, nous passâmes près d'une ruine romaine (peu de chose), l'Aïn-Berika, le principal affluent du chott du Hodna, que nous allions remonter maintenant jusqu'au delà de M'Gaouc. Nous fîmes encore neuf kilomètres dans une plaine uniforme et peu boisée, mais que limitaient des montagnes déjà connues de tous. Au loin, à notre droite, nous apercevions le Metlili, dont nous avions longé le pied pour arriver à El-Kantara. Devant nous, et à gauche, Lârbi nous montrait le Bou-Taleb, et c'était un plaisir que chacun peut comprendre de revoir ainsi ses connaissances, la première datant de quelques jours seulement, tandis que j'avais vu le Bou-Taleb, de funeste mémoire, quand, l'année précédente, nous étions venus de Batna à Sétif, pour passer de l'expédition des N'Memchas à celle de Bougie.

Le vent était plus fort et plus froid que dans les Zibans. Nous campâmes au bord de l'O. Berika et dans l'intérieur de la gorge qu'il parcourt. C'était encore le désert, mais avec une eau bien plus abondante qu'au Kef-el-Khredim ; j'y pris, du capitaine Chambeyron, ma première, mon unique leçon de pêche à la ligne ; la pêche fut miraculeuse, et nous pûmes ajouter un plat de plus à notre dîner ; l'espèce de poisson blanc qu'on trouve seul dans tous les cours d'eau de l'Algérie en fit les frais.

Le soir, Lârbi nous fit ses adieux, et, jusqu'à la fin du voyage, je sentis l'absence de ce narrateur inépuisable, de cet interprète fidèle et intelligent, de cet utile majordome. Nul ne connaissait mieux le Sahara ; il pouvait parler de Tuggurth et de Souf ; nul n'avait vu pratiquer plus souvent les rapports de l'administration française avec les indigènes, il était l'exécuteur habituel des mesures de police de cette administration. Enfin, il était mi-partie Arabe et

Européen, et comprenait les choses comme les langues des deux peuples.

La journée du lendemain nous ramena dans un des plus riches pays de l'Algérie. Nous remontâmes encore l'Oued-Berika, coulant dans un pays toujours plus accidenté. Nous le traversâmes deux fois, et enfin, à vingt kilomètres environ du bivouac, nous commençâmes à trouver des bois d'essences diverses, puis des clôtures, des fossés d'irrigation en très-grand nombre et, par parenthèse, très-gênants pour la marche, des jardins nombreux d'arbres fruitiers et des cultures de céréales.

Les trois frères de Si-Amran Ben-Djenan (car les jardins de cette vallée subsistent depuis longtemps et ont donné le nom à cette grande famille) nous reçurent avec toutes les démonstrations d'un dévouement extrême à la France. M. Marmier, le chef du bureau arabe de Batna, nous expliqua plus tard la splendeur de leur accueil par le désir de se faire pardonner je ne sais quelle grosse faute qu'ils avaient commise. Quoi qu'il en fût, notre arrivée fut une grande fête pour le village. Les restes de l'énorme diffa qui nous fut offerte suffirent à régaler toute la population, et tous les ateliers de salpêtriers nous furent ouverts.

M'Gaouç est en dehors des grandes lignes nord-sud de notre domination. Mais le chemin jusqu'à Constantine est facile : elle est placée sur une circonférence qui serait, de cette ville comme centre, tracée par Batna et Sétif. Elle communique sans aucune difficulté de terrains avec Zaïna, la jolie ville romaine qui marque la première étape de Batna à Sétif et que joint au Rummel une route difficile seulement pendant les quelques kilomètres que dure la traversée des O. Sellam. A M'Gaouç même, les restes romains abondent, et les pierres de taille s'y retrouvent employées souvent comme à Biskara.

Mais les jardins et les arbres fruitiers caractérisent plus particulièrement ce canton de M'Gaouç. En partant le lendemain, nous suivîmes encore, en remontant la vallée sur une longueur de douze kilomètres, un pays toujours coupé de canaux d'irrigation, et riche de cultures et de jardins, d'abricotiers et de figuiers; nous ne nous arrêtâmes pas pour prendre de l'eau, avant de tourner à droite pour gravir la montagne : nous nous en repentîmes plus tard. Nous avions laissé Daïna à M'Gaouç, et nous avions alors pour guides deux hommes de ces montagnes, parlant le chaouïa et fort peu l'arabe, en sorte que mes minces connaissances en cette langue ne pouvaient plus servir à me faire donner les indications relatives à la route.

Cependant celle-ci devenait intéressante. M'Gaouç est séparée de Batna par une distance de soixante-cinq kilomètres environ de l'ouest à l'est. Le commencement et la fin de cette distance sont en plaine :

mais entre les vallées de M'Gaouç et de Batna, le chemin est barré par un contre-fort élevé qu'il nous fallait franchir. Le chemin est assez bien tracé, mais rude et dénué d'eau. Il monte pendant onze kilomètres environ, et nous trouvâmes à peine quelques flaques d'eau rare et saumâtre pendant cet intervalle. Cependant quelques douairs y sont semés, et quelques cultures paraissent çà et là à peu près aussi abondantes que dans quelques âpres traversées de la Lozère. Enfin, à vingt-trois kilomètres de M'Gaouç, et à une hauteur que j'évaluais à seize ou dix-huit cents mètres au-dessus de la mer, je trouvai du minerai de fer dans une sorte de plateau qu'entourait en demi-cercle la forêt de cèdres qui commence à ce point. Il me sembla que la forêt avait dû, dans un autre temps, être exploitée, au profit de l'exploitation de ce minerai.

Quoi qu'il en soit, elle couronne encore la montagne, et nous la traversâmes sur deux kilomètres d'épaisseur. Aussitôt cependant que nous arrivâmes au versant est, ces magnifiques arbres cessèrent, et firent place à d'autres essences parmi lesquelles domine le chêne-yeuse à glands doux. La transition est très-brusque, et les deux forêts ne mêlent que sur une étroite lisière les cèdres que l'on va quitter, les yeuses, les cyprès que l'on va parcourir. Ce sommet s'appelle le Kef-Ervhéan.

Souvent nous avons trouvé des arbres que le feu

avait attaqués par le pied et qui, tombés sous son action, restaient là inutiles. Ce gaspillage se retrouve partout dans les forêts que notre administration n'a pas prises encore sous sa surveillance. L'Arabe laisse subsister tout ce qui coûterait quelque peine à détruire; mais il ne ménage rien. Imprévoyant pour ses besoins privés, il l'est à plus forte raison pour les utilités générales. Les troupeaux qui parcourent ces forêts en été empêchent les jeunes arbres de croître, tandis que les vieux tombent peu à peu et ne sont pas remplacés. — De là vient, au reste, que la forêt ne se compose guère que de beaux sujets. Les chênes mêmes ont une force et une grandeur que l'yeuse ne m'a pas semblé atteindre ailleurs. Le cyprès n'a que rarement le port élancé qui le caractérise dans les terres profondes. Il est gros et souvent contourné.

La descente fut à peine plus facile. Nos guides nous quittèrent près d'un petit ruisseau d'eau médiocre où je fis faire une halte après six heures de marche (cinq heures de marche réelle, dont trois en montagnes). Ils m'expliquèrent dans leur langage ce qu'ils allaient faire en avant : il paraît que je les compris mal ; et en définitive nous ne les revîmes plus ce soir-là et je me trouvai chargé de la conduite de la caravane.

A six kilomètres de là, nous trouvâmes une jolie rivière, l'O. Kanduraïa, qui parcourt une riche vallée et va joindre, à ce que je supposai, l'Oued-Biskara. Nous nous y arrêtâmes avec plaisir. J'y fis boire les mulets et charger de l'eau pour les hommes, puis nous remontâmes dans la direction du Djebel-Tuggurt, que j'avais reconnu pendant la descente, et nous nous retrouvâmes dans les chênes et les cyprès. Je continuai jusqu'à une petite éclaircie abritée par les bois et placée au bord d'un ravin. Nous y devions être à couvert du vent de la nuit, qui promettait d'être froid, et quelques arbres abattus autour nous permettraient d'entretenir un bon feu. Je pensai que nos guides étaient allés chercher un gîte dans quelque tribu, où je me gardai de les suivre.

C'était le dernier de nos bivouacs de choix, car nous devions joindre Batna le lendemain. Aussi je l'avais choisi avec sollicitude, et il fut en effet très-apprécié de tous. Il ne fut troublé que par les chacals, sur l'un desquels je tirai sans l'atteindre. Je n'ai pas besoin de dire que les canonniers se firent une grande fête du feu magnifique qu'ils allumaient avec des cyprès gisant sur le sol et qu'ils entretinrent avec des chênes.

Le matin, nous recommençâmes à descendre vers le point où les montagnes semblaient s'ouvrir et où je pensais retrouver la grande coupure des Ksours. Nos guides nous joignirent à la première vallée, et, après douze kilomètres environ, nous débouchâmes, en effet, en laissant le Tuggurt à gauche, dans la vallée de Batna, nous dirigeant droit sur le camp, dont on pouvait de temps en temps apercevoir les principaux édifices. Nous y étions à dix heures et demie du matin. J'employai le reste de la journée à voir M. le colonel Carbuccia, pour le remercier, ainsi que le capitaine Marmier, de l'aide qu'ils avaient donnée à notre voyage, et à leur en rendre compte; puis à revoir, avec un vrai plaisir, nos camarades de l'artillerie et du génie.

La soirée fut occupée des préparatifs de départ de ma section, que je devais ramener avec moi. Un de mes hommes, très-malade de la fièvre, voulut absolument partir, malgré l'avis du médecin, qui craignait qu'il ne pût supporter la fatigue de la route et le froid des bivouacs. Cependant, ce malheureux témoignait une telle horreur pour le séjour de l'hôpital de Batna, une telle conviction qu'il y mourrait promptement, que je me décidai à l'emmener. Il voyagea dans mon manteau de toile cirée, supporta la route avec un bonheur inattendu, et j'eus le plaisir, deux mois après, de lui remettre un congé de libération à Philippeville. Il était à peu près rétabli, et protestait encore qu'il devait la vie à son départ de Batna.

Je mis en route mon convoi le matin. Puis, à dix heures, après déjeuner, nous montâmes à cheval avec le capitaine de Larminat, et, laissant à gauche la route ordinaire, nous passâmes par le haut de la plaine de Chemora que ferme Lambœsis et qui mène jusqu'à Ghrenchela et aux sources de la Medjerda, l'ancien Bagradas. Nous avions pour guide un spahi irrégulier, tout occupé de son chien de la race des grands lévriers du Sahara : celui-ci était, du reste, très-inférieur aux lévriers du lieutenant Bonnemain, ces redoutables adversaires des chacals et, au besoin, des hyènes de Smendou ou de Constantine.

Après deux heures de marche, nous entrâmes dans un étroit ravin. Jusque-là nous avions marché sur le revers en pente douce des montagnes qui ferment du côté de l'est le grand chemin de l'Oum-el-Esnam à Batna. Seulement, ces montagnes, si faciles à l'est, sont, de l'autre côté de leur étroite crête, horriblement abruptes et difficiles. Elles opposent donc, pendant dix kilomètres environ, une barrière presque insurmontable entre les deux routes. Le ravin que nous prîmes ensuite est parallèle à l'ancienne route romaine qui menait à Lambœsis. Il est étroit, gracieux, boisé de myrtes, de lentisques, de vigne vierge. Nous y remarquâmes surtout des pistachiers de l'Atlas, aux feuilles rougeâtres et plus dégagées que celles des lentisques ordinaires, dont ils semblent n'être qu'une variété.

Enfin, nous arrivâmes dans de grandes plaines d'une constitution assez étrange. Elles semblent appartenir à la même formation que celle de Lambœsis et avoir été le produit d'ondulations moins puissantes. Elles s'élèvent doucement du sud au nord et retombent brusquement de l'autre côté. Celle dans laquelle on débouche d'abord est surtout remarquable parce qu'elle est appuyée à une montagne assez importante, au pied de laquelle est une grande zaouïa. Ce commencement de la plaine semble être fréquemment inondé : le sol en est meuble et crevassé, mêlé de sable et d'argile et soulevé presque partout comme par une multitude de petites ravines.

Enfin, dans un point où la plaine du Mâder-Haracta (terrain de pacage des Haractas) se resserre et se relève de façon à déverser ses eaux entre deux lacs différents, nous aperçûmes le Madrassen. Nous y courûmes, et j'y passai une heure à le mesurer, à l'étudier partout, sans y comprendre autre chose qu'une construction analogue à celle des pyramides d'Égypte. Seulement l'Égypte a pris pour base le carré, tandis que la base du Madrassen est circulaire. Celui-ci est d'une construction très-élégante : il est formé d'un cylindre de 4 mètres de hauteur environ sur 61^m,50 de diamètre, soutenu par des colonnes engagées dans tout son pourtour et surmonté par une corniche très-saillante. A partir de cette corniche, on s'élève par vingt-quatre marches colossales jusqu'à la petite plate-forme qui termine le monument à 18^m,60 de hauteur. Chaque marche a 1 mètre de largeur et 0^m,60 de hauteur.

Le revêtement est tout en pierre de taille. L'intérieur, qu'on voit par une large brèche faite au sud, est en moellons taillés avec soin. Aucune ouverture n'apparaît, et l'on conte que la grande brèche fut faite par l'artillerie d'un bey de Tunis, jaloux de pénétrer jusqu'aux trésors que, suivant la tradition, recèle ce monument. Cette œuvre de destruction s'est étendue depuis la base jusqu'à la quatorzième marche : elle a respecté les dix marches supérieures.

Dans l'armée d'Afrique, on appelle ce monument « le tombeau de Syphax ». Il est bien à croire que c'est le monument funéraire d'une race de rois aborigènes. Les indications qu'il pourra donner nous seront bientôt connues, j'espère. M. le capitaine Viennot, chargé de l'étudier par le colonel Carbuccia, y a découvert une pierre mobile qui fermait l'entrée d'un escalier obstrué de décombres. — Quel que soit au reste le sens du monument, il est d'un effet grandiose, et quand le soir, en le quittant à l'appel du guide, nous le revîmes, de la montagne voisine, éclairé par le soleil couchant, il produisit chez tous trois une impression extrêmement vive de grandeur, d'élégance et de triste majesté. Il anime et intéresse singulièrement cette solitude.

La nuit était faite quand nous rejoignîmes la section à la « fontaine du Rubis » ; elle fut très-froide et nous trouvâmes de la glace le matin. Cela n'empêcha pas, bien entendu, l'étape du lendemain de se faire lestement et avec gaieté. Qu'on me permette encore de m'arrêter sur un seul détail du retour.

Je ne m'étais pas regardé comme ayant charge d'étudier le produit des lacs qui s'étendent au pied du Nif-el-Nser. Toutefois un phénomène singulier me détermina à rapporter des échantillons des sels qu'ils déposent. Quand nous passâmes l'isthme dont j'ai parlé, je trouvai que le lac du Nord s'était assez retiré pour permettre de gagner par la ligne la plus courte le pied du rocher qui sépare les deux lacs. Je m'engageai sur la surface abandonnée par l'eau, et qui me semblait couverte d'efflorescences blanches. Elle se trouva être un peu vaseuse, mais suffisamment solide pour porter mon cheval. Mais ce que j'avais pris pour des efflorescences était formé de dépôts épais de plusieurs millimètres, dont le plâtre, je pense, forme la base, et qui ont lié ensemble une sorte de fucus apporté par le lac et tous les menus objets que rejettent ses eaux. L'ensemble de ces fucus, des plumes les plus légères des flamands et des poules d'eau qui fréquentent ces lacs, et des sels de leurs eaux, constitue une sorte d'étoffe assez solide pour qu'on la soulève par larges lambeaux. Mon canonnier les prenait pour des toisons. J'en joignis des échantillons à ceux que je rapportai à Constantine avec quelques cristaux, des terres salpêtrées et du sable blanc et fin que Ben-Meïoub avait envoyé recueillir pour nous au fond d'un des puits de Farfar.

Le 14 novembre je rentrai à Constantine.

En achevant ce récit, je dirai quelques mots de ce qu'était le Sahara il y a huit ans ; il change tous les jours, et il n'est pas sans intérêt de garder la mémoire de ce qu'il était sous le gouvernement de son premier commandant français.

Chaque jour le sud de nos possessions d'Afrique est mieux connu, et l'impénétrable Sahara avec ses déserts de sable, l'effrayant mystère de ses vents de flamme et de ses infinis espaces vides, recule devant les conquêtes de nos armes et de notre politique. Mais un intérêt considérable restera attaché à ce pays des Zibans et grandira à mesure que nous le connaîtrons mieux. Climat, mœurs, histoire, tout y est spécial et digne de l'intérêt de l'homme d'État, de l'ethnographe, du philosophe, de l'économiste.

Ainsi, on remarque, en réalité, peu de différence entre le climat de l'Afrique du nord et celui du midi de l'Europe. Tout le bassin de la Méditerranée a, pour ainsi dire, les mêmes productions, les mêmes conditions de climat. Le rivage algérien a, sur ceux de la Provence et du Languedoc, cet avantage que la brise de mer y vient du nord, et rafraîchit singulièrement tout le milieu des jours d'été. Le palmier croît mieux en Espagne ou en Sicile que dans le nord de la province de Constantine. Si l'olivier y atteint des proportions magnifiques, l'oranger y réussit peu : c'est surtout une terre à céréales.

On ne trouve réellement un climat nouveau qu'au delà des deux Atlas, et la transition paraît subite : on a traversé deux chaînes de montagnes et trois degrés de latitude. Mais les vallées de la première chaîne sont rafraîchies par le vent du nord et le voisinage de la mer. Le plateau, très-élevé, se couvre de neige chaque hiver et est balayé en toute saison par des vents violents venus de tous les points de l'horizon. La chaîne du sud n'a que de rares et abrupts sillons ouverts au sud, et participant de la nature du Sahara. Mais au delà de cette chaîne se trouve une plaine déprimée jusqu'au niveau de la mer, et même, au-dessous de ce niveau, garantie des vents du nord par la haute muraille de l'Atlas, et dont le sol léger et perméable aux rayons du soleil se dessèche aisément et s'échauffe à une grande profondeur. La température moyenne y est très-élevée : on n'y connaît plus la neige, et la pluie même y est très-rare. Le vent y est habituellement d'une sécheresse extraordinaire et chargé de poussière impalpable qui obscurcit l'atmosphère comme un brouillard. Les circonstances du développement de la marche et de la nature du *siroco* sont, au reste, caractéristiques de la météorologie du Sahara, et méritent toute l'attention des physiciens et des géologues. Les effets s'en font sentir sur tous les rivages de la

Méditerranée, et sur l'Océan, jusqu'aux îles du Cap-Vert. M. Hardy pense même que des causes contraires établissent un courant régulier entre le Sahara et le Groënland. Je regarde comme certaine l'existence d'une corrélation entre les vents venus du Sahara et les grandes effusions de neiges fondues qui déterminent les inondations dans les vallées dont la tête est aux Alpes, aux Pyrénées, aux Cévennes.— Quant aux effets du *siroco* dans les contrées mêmes où il prend naissance, ils sont extrêmement redoutés des indigènes, et c'est vraiment à bon droit. Les terribles récits que font les voyageurs des effets du *simoun* n'ont point exagéré la démoralisation ni les souffrances qu'il inflige à tous les êtres soumis à son influence. Heureusement elle parait être assez limitée, et ces terribles courants d'air chargé de poudre brûlante ne s'étendent pas sur de grandes largeurs. M. le duc de Montpensier nous racontait avoir vu, dans l'expédition d'avril 1844, ce courant se diviser en rencontrant les palmiers de l'oasis d'où le prince les observait. Une autre fois l'armée ayant été surprise en plaine par le vent du désert, le duc de Montpensier, après avoir marché en coupant le courant, avait trouvé un air plus libre et avait envoyé prévenir le duc d'Aumale, qui commandait en chef, qu'un déplacement de quelques centaines de pas ferait échapper nos soldats à l'affreux supplice que le *siroco* leur infligeait.

Avant de se décider à chercher les moyens d'échapper au vent, le prince avait passé un certain temps sous une tente double, couvert de deux bernous à ouvertures opposées et ayant sous la main une éponge et de l'eau dont il humectait sans cesse ses yeux et ses narines. Il était, nous disait-il, dans un état de prostration absolue, et comprenait parfaitement la terreur que le *siroco* inspire aux indigènes.

Le sol est léger, friable, et le vent semble l'écorcher. Il emporte avec la poussière les sels des lacs et des étangs desséchés, en sorte que derrière chaque touffe d'herbes s'allonge un petit amas de sable couvert d'une trace de sels blancs déposés après lui. Ces sels sont tantôt des sels marins comme autour de Biskara, tantôt des salpêtres ou des gypses. Dans certaines localités, où des chaînes de hauteurs opposent au vent des obstacles plus sérieux, il délaisse, sur de larges espaces, ces vagues mouvantes que nous avons désignées sous le nom d'Arag. Elles couvrent plusieurs lieues carrées à l'approche de l'Atlas, au Màder-Rhamra.

Habituellement le sol est élastique et commode à la marche. Partout où il n'est pas fécondé par la savante irrigation des oasis, il ne produit que quelques arbustes épineux, tronqués par la dent des chameaux, ou, çà et là, quelque jujubier sauvage dont les branches sont chargées d'innombrables chiffons, *ex-voto* de la misère superstitieuse.

La culture des oasis est savante, en effet ; elle veut et prouve un esprit de suite et de discipline qui fait contraste avec tout ce que l'on voit ailleurs de l'esprit économique des indigènes. — J'ai beaucoup songé à cette anomalie, j'en ai cherché l'explication dans l'histoire et dans les légendes du pays. L'histoire est incomplète, et ce qu'il y aurait de plus vrai serait peut-être un roman dont les détails seraient d'accord avec les données historiques et les données du climat.

Je me figure que les colons romains, venus en conquérants sur cette terre et qui n'ont guère été, pendant les temps que racontent leurs annales, que publicains et soldats, ont dû rapprendre le travail et les vertus civiques quand ils ont été délaissés par la mère patrie et condamnés à se défendre seuls contre les indigènes auxquels ils ne s'étaient jamais mêlés et qui reprenaient leur indépendance à la faiblesse de leurs gouvernants. L'invasion des Vandales n'est qu'un accident dans cette longue déchéance de la société africaine. Après Genséric, l'anarchie recommence et gagne peu à peu, comme une marée montante, tout ce qui environne les cités romaines. Vainement les Bélisaire et les Salomon essayent de faire renaître les villes mortes. Au milieu des ruines, la faible colonie militaire qu'ils ont envoyée a bâti un monument, temple ou forteresse, avec les pierres des tombeaux et les débris des colonnes brisées. Ainsi en est-il pour beaucoup de villes du plateau ; mais aucune, excepté Tebessa, n'a vécu au delà de ce premier jour. Le monument restauré, devenu ruine à son tour, reste seul de son âge. La société romaine ne s'est pas relevée dans le nord et s'est de plus en plus concentrée autour de Carthage. — Mais je crois qu'elle a vécu dans le sud ; que les oasis ont été, sinon romaines, du moins habitées par des clients des Romains, et qu'elles ont pu se maintenir jusqu'au milieu du septième siècle. En effet, chacune d'elles est une forteresse et se suffit presque entièrement à elle-même. Il est vrai qu'elles durent être en butte à des hostilités incessantes des montagnards de l'Atlas et renoncer peu à peu au commerce et aux relations extérieures. Les cultures qu'elles étendaient hors de l'enceinte des palmiers furent ravagées, et l'insouciance des Maures permit seule à l'eau des Sguias d'aller encore alimenter les palmiers.

Mais à mesure qu'avance le septième siècle, le mal devient intolérable. Les Maures des montagnes se réunissent sous une reine que la tradition nomme Kahina. — D'une autre part, les Arabes débarquent au sud de Carthage et se jettent à travers l'Afrique avec toute l'ardeur de leur prosélytisme, avec tout l'élan de cet indomptable courage qui réalisa la plus rapide, la plus vaste et la plus solide des conquêtes. Kahina les a repoussés une fois, et Sidi-Okba a laissé son nom à son dernier champ de bataille. — Mais la reine barbare redoute leur retour et veut leur opposer le désert. La ruine des vallées du sud devient systématique. Les cultures s'effacent, l'eau des fleuves se répand en torrents ou s'évapore sous le soleil. Les eaux, dit la légende arabe, s'enfoncent sous le sol, et la surface devient aride.

Les oasis comprirent que le dernier coup allait leur être porté; les Arabes revenaient, offrant la paix à qui adopterait le Coran, la paix avec l'éclat des sciences, des lettres et de la victoire ; la paix avec les bienfaits de la civilisation la plus avancée qu'eût alors le monde. Les chrétiens des oasis acceptèrent la religion de Mahomet et purent ainsi sauver des ravages des barbares leurs palmiers et leurs vies. Les Maures subirent un nouveau joug, mais les Arabes dominateurs du Nord furent au Midi alliés et compagnons.

Fatale alliance d'ailleurs et dégradante comme tous les protectorats! Le Romain habita l'oasis et la cultiva; l'Arabe, campant en dehors des canaux et des palmiers, se réserva l'action extérieure, le commerce et surtout la défense contre tout ennemi. Il resta guerrier, le Romain devenant surtout agriculteur. Nul maître n'a été plus tolérant et plus doux que l'Arabe; cependant, quelques siècles s'étant écoulés, il se trouva que le Romain, après avoir sacrifié sa religion et son existence politique, avait perdu sans cesse de sa valeur sociale et reculé devant son brillant compagnon. Aujourd'hui, la plupart des jardiniers des oasis tiennent leurs terres à ferme de quelque grand de la tribu voisine. Bel-Hadj, par exemple, possédait des centaines de jardins dans les Zibans. Dans les délibérations communes, la voix de l'Arabe est prépondérante : à lui sont les plus belles maisons, les meilleurs emplacements, le gouvernement de l'oasis. Cet abaissement des travailleurs paraît avoir eu lieu peu à peu, sans secousse, et par la seule force des choses. C'est une preuve de plus que tout se tient dans la vie politique et économique des peuples, les âpres et périlleux devoirs, la richesse et la grandeur. On a vu, dans ce que j'ai dit d'El-Outaïa, les caractères physiques des deux races.

Combien je voudrais retrouver dans l'histoire les traces de ces péripéties étranges et si nombreuses par lesquelles passa la société romaine ! ces colons, abandonnés par la mère patrie, renonçant d'abord à la souveraineté sur les tribus indigènes, transigeant avec elles, reculant sans cesse, survivant, en petit nombre, aux explosions de la haine et de l'avidité de leurs voisins ; passionnés, aux IVe et Ve siècles, par les hérésies de Donat et d'Arius ou par la puissante voix d'Augustin, subissant les Vandales et obéissant sans trop de peine à Genséric, la plus grande figure peut-être du monde barbare ;

puis délaissés encore par ces rudes tuteurs, et se retrouvant, affaiblis et isolés, en face de l'anarchie qui grandit et s'organise ; réduits à se faire petits et à se renfermer dans leurs oasis, bientôt menacées elles-mêmes par un ennemi ivre de barbarie, sujets d'hier, oppresseurs aujourd'hui, marchant avec une joie féroce à la destruction du maître orgueilleux qui n'avait réclamé jamais, aux jours de sa puissance, que l'abaissement et les tributs du vaincu. Comprenez-vous ce qui dut se passer dans les oasis quand on y vint conter que les sectateurs de Mahomet étaient arrivés d'Égypte jusqu'à Carthage ? Songez que leur renommée devait être plus terrible que celle de ces anciens Perses qui, pendant le cours de leurs longues luttes contre l'empire, s'étaient fait un marchepied du corps d'un empereur prisonnier. Songez que depuis cinquante ans chacun des rares voyageurs qui étaient revenus aux oasis après avoir prêté l'oreille aux bruits du monde extérieur y avait rapporté les récits de ces conquêtes si rapides qu'un siècle vit commencer et s'étendre jusqu'à la Loire d'une part, jusqu'à la Chine de l'autre. Le règne d'Héraclius, si grand contre l'ancien monde, si misérable devant ces inconnus d'hier, portés d'un seul bond à la tête des nations, semblait raconter en abrégé l'histoire du monde romain lui-même, destiné à périr sous les coups des califes après avoir dominé les autres nations. Une telle renommée ne va pas sans une immense terreur, et les Romains durent la ressentir bien plus vivement que les Maures eux-mêmes.

Un roman, avons-nous dit ; eh ! toutes les conditions ne s'en trouveraient-elles pas réunies dans cette agonie d'un peuple qui n'a plus, à côté de ses intérêts matériels, qu'un sentiment qui vive en lui, le sentiment chrétien, et que fascine, en le terrifiant, cette bande si brillante, malgré son petit nombre, que l'enthousiasme d'une autre religion élève si haut au-dessus de tout ce qu'ont vu ces Romains, et jette à la conquête du monde ! Si nous nous représentons Biskra avec sa curie, sa garde civique perpétuellement assiégée, ses souvenirs d'orgueil vivant dans quelques cœurs, mais outragés tous les jours, depuis longues années, par ces montagnards que les Romains méprisent, pouvons-nous bien deviner quels sentiments s'agitèrent quand Okba traversa l'Afrique, foulant aux pieds de ses chevaux les vainqueurs et les vaincus des luttes quotidiennes du Sahara? C'est presque à l'ombre des palmiers de Biskra qu'Okba succomba, et, après lui, les Kabyles reviennent à la destruction universelle, non plus d'instinct, mais systématiquement.

Les Romains se débattent avec désespoir contre la ruine qui se multiplie et les presse ; ils en viennent à se dire que leurs ennemis tant redoutés d'hier ne pouvaient pas leur faire plus de mal qu'ils n'en éprouvent aujourd'hui. Peut-être d'ailleurs la pitié d'une femme ou d'un prêtre a recueilli quelque soldat de Mahomet, et l'on s'étonne de sa tolérance et de ses lumières : vienne le moment, le musulman délivré accompagnera, au camp des vengeurs d'Okba, un Romain envoyé par les têtes politiques de la curie ; là, il lui servira d'interprète pour annoncer aux musulmans surpris et charmés qu'au prix de la tolérance qu'ils ont partout accordée aux chrétiens, ils trouveront au Sahara des citadelles et des alliés. Alors le torrent reprendra son cours désormais irrésistible. Kahina et ses hordes s'effaceront devant lui. Le Maure connaîtra des maîtres comme au temps de Carthage et comme au temps de Rome, et subira leur religion sans la comprendre et sans l'aimer. Quelques Romains, peut-être, fuiront en Italie le triomphe du Croissant ; quelques autres se donneront, corps et âme, au vainqueur, partageront sa gloire et oublieront leurs autels ; le reste, chaque jour plus attaché à la glèbe, remerciant les vainqueurs qui le dispensent de gloire et de politique, s'effacera peu à peu dans le rôle utile et obscur des travailleurs prolétaires d'une grande nation.

Henri FABRE.

FIN.

OBSERVATIONS

SUR LE

GOUVERNEMENT DE L'ALGÉRIE

OBSERVATIONS

SUR LE

GOUVERNEMENT DE L'ALGÉRIE

A l'origine des colonies anglo-saxonnes les plus modernes, notamment en Australie, en Californie, nous voyons les colons, dès qu'ils comptent quelques milliers d'âmes, élire un juge, un maire, un député, un conseil de gouvernement. Plus ils sont isolés, privés des traditions de la mère patrie et des ressources que laissent après elles les générations passées, plus ils jugent nécessaire de se gouverner énergiquement eux-mêmes, et d'appliquer immédiatement les théories les plus avancées du *self government*.

Si, en Algérie, on réclamait pour nos colons le droit d'élire leurs gouvernements municipaux, voire même leurs juges de première instance, le droit d'administrer le domaine, de se recruter eux-mêmes par les moyens qui leur sembleraient le plus utiles, je n'essayerais pas de combattre de telles propositions.

Mais c'est au territoire indigène que l'on propose d'appliquer nos lois administratives et notre code de procédure, et l'on croit être libéral en appuyant ces propositions! C'est là une erreur grave, et l'on va le comprendre.

La loi du territoire indigène est celle qu'appliquaient les Romains au pays conquis : respecter l'autonomie communale ou provinciale, se réserver le contrôle, la haute police, le droit de paix et de guerre.

Ainsi, les communes kabyles sont plus démocratiquement organisées que les nôtres : le maire, nommé pour un an, ne peut prendre aucune résolution importante sans l'attache du conseil municipal, et même, dans les cas très-graves, sans l'assentiment de tous les chefs de famille. Enfin, on y applique encore les prescriptions d'un code spécial, et nous n'avons innové qu'en cas de crime capital.

Les tribus aristocratiques ont conservé leurs cheiks ou leurs caïds et les conserveront tant qu'elles le voudront. On ne déplace pas l'autorité à volonté, indépendamment de ce qu'il y a de tyrannique à prétendre modifier, suivant ses propres idées, le régime de gens qu'on a sous sa puissance.

Tâchons qu'ils en viennent à désirer d'être complètement identifiés avec leurs voisins français : ils ont fait vers cette solution bien du chemin depuis vingt ans, et leur marche s'accélérera plus rapidement quand les mesures dont nous allons parler auront rapproché les deux races : n'essayons pas de remplacer par la contrainte cette bonne volonté qu'on prévoit aisément, et comprenons que l'application de nos lois à des gens si éloignés de nos traditions et de nos mœurs serait une véritable cruauté.

Mais, dira-t-on, cette prétendue liberté que vous attribuez aux indigènes les laisse entièrement sous la main de vos agents militaires qui exercent, sans nulle garantie, le pouvoir qu'il leur convient d'exercer.

Il manque ici, en effet, la garantie suprême, la faculté de faire entendre ses plaintes. Et je ne parle pas seulement de la liberté de la presse, mais aussi des relations habituelles avec le monde. Les colons ont pu faire soutenir leurs griefs par MM. Favre ou Lanjuinais. En pays indigène, les habitants n'écrivent pas : les agents français ont le devoir de tout dire à leurs chefs et rien au public. Enfin, quant à présent, l'incertitude de la propriété, l'irrégularité des titres, ne permettent pas d'autoriser les transactions qui amèneraient les Français au milieu des Arabes ou des Kabyles. Ces transactions ont été, partout où elles se sont produites avant la fixation de la propriété par l'autorité française, la source de dols et l'origine des procès qui font de la cour d'Alger l'une des plus occupées de l'Empire.

L'exécution du sénatus-consulte, sur lequel nous allons revenir, est donc urgente, et doit précéder cette introduction de l'élément civil, qui sera une garantie sérieuse pour la liberté de l'indigène.

Signalons tout de suite une autre infirmité de la société indigène, dont les effets sont éminemment fâcheux : l'absence de probité judiciaire. En payant mieux les cadis, en les ramenant sans cesse dans le droit chemin par un mélange de sévérité et d'inaltérable patience, on aura la faculté de se préparer des juges pouvant inspirer confiance, et cela rendra faciles bien des mesures impossibles aujourd'hui.

Nous avons parlé des États-Unis pour recommander, en Algérie, l'imitation ou du moins l'étude de quelques-unes de leurs pratiques administratives. On y a songé beaucoup : longtemps après 1830, on a voulu voir au delà de la Méditerranée des États-Unis français. On s'irritait presque contre cette population indigène qui ne disparaissait pas comme avaient fait les Hurons ou les Iroquois devant les colons anglais. Cette assimilation très-erronée a exercé une fâcheuse influence même sur les pratiques gouvernementales, et il n'est peut-être pas inutile d'en dire quelques mots.

En signalant le rapide peuplement de l'Amérique et l'extension incessante du territoire colonisé, Tocqueville rappelle ce fait que, souvent, l'établissement d'une ferme isolée, vingt lieues en avant des limites de la colonie, faisait le vide dans tout cet intervalle. Le gibier émigrait d'abord, gêné par cet obstacle fixe, par les allées et venues des hommes de cette avant-garde, par les sons mêmes de la cloche des bestiaux au pâturage; et l'émigration du gibier entraînait celle des indigènes.

Cela seul fait ressortir une différence capitale entre l'Algérie et l'Amérique. L'Algérien tient au sol, bien qu'il le cultive mal : c'est un laboureur ou un berger, et, dans ce dernier cas, il ne se meut encore, comme les bergers de la Provence ou de l'Espagne, que des pâturages d'été aux pâturages d'hiver. — Le renvoyer de chez lui, sous quelque prétexte que ce soit, c'est le blesser, et c'est aussi, ne l'oublions pas, lui ôter quelques-unes des vertus conservatrices que perd le paysan en s'éloignant de son clocher.

Refoulement, cantonnement, tous ces mots ont signifié pour lui l'exil et l'expropriation arbitraire : il faut de bien grandes utilités des deux parts pour que ces déplacements se puissent justifier!

Arrêtons-nous encore ici un moment : il ne manque pas de gens qui demandent encore « qu'on livre de larges espaces à la colonisation », c'est-à-dire qu'on prenne aux indigènes une part de leur territoire.

Ils cultivent mal, dit-on, et pourraient subsister sur une étendue très-réduite. — Puis, on leur donne un titre de propriété-ferme sur une terre plus restreinte : ils peuvent bien acheter d'une partie de leur avoir la sécurité du reste.

Le premier motif est faible : le Berry est dix fois moins peuplé que la Flandre, et peut-être nos paysans n'ont-ils pas toujours des titres bien réguliers. Essayez, sous ce prétexte, de leur ôter une part de leurs champs, et préparez-vous à vous défendre contre les faux emmanchées à rebours et les coups de fusil !

Oui, vraiment, il faut que les Arabes des plaines apprennent à mieux cultiver, et la sécurité de la propriété est la première condition pour le faire. C'est celle qui leur a manqué depuis trois siècles de domination turque ; mais cette bonne culture, il faut la chercher comme un bien national, comme un enrichissement du pays, comme un avantage pour tous par conséquent. Retarder son avènement en la faisant acheter, c'est une faute grave !

Et cependant vous avez pu commettre cette faute en Algérie, sans avoir sur les bras des révoltes incessantes : c'est que ce peuple, habitué à l'oppression, n'est pas, comme nous, gâté, si l'on peut employer ce mot, par une longue jouissance de la liberté civile. Enseignez-lui, avec le respect de la propriété, l'indépendance et les fières vertus qu'elle engendre. Il sera moins facile de l'opprimer : il sera plus riche et plus ombrageux. Faut-il donc vous en plaindre? Et, maîtres de lui départir cette prospérité morale et matérielle, ne voyez-vous que vous pouvez attendre de lui reconnaissance et affection pour le nouvel ordre social auquel il aura dû ces biens inconnus aujourd'hui hors de la Kabylie et des inaccessibles retraites où l'indépendance humaine avait trouvé asile?

Vous pouvez faire, et faire promptement, de l'indigène un Français affectionné, un citoyen utile, bien qu'on doive ajourner son assimilation complète. Il faut, pour cela, lui assurer la terre qu'il possède à des titres divers et que nul ne peut cultiver avec autant d'amour et de sécurité que lui. S'il est fidèle, pourquoi pas *lui* aussi bien qu'un Européen? Et pourquoi ne serait-il pas fidèle au régime qui peut seul lui donner ces biens suprêmes: l'indépendance civile et l'existence politique?

Est-ce à dire qu'il faut renoncer à introduire l'élément européen en Algérie? A Dieu ne plaise! Comme chefs d'industrie et de culture, comme intermédiaires du commerce avec le monde, les Européens auront dans cette société la large place qui leur convient le mieux. Ils ont les capitaux, la science, les relations faites, et ils n'auraient pas tout avantage à exploiter, en le servant, ce pays devenu plus fécond en productions de toute sorte!

Mais, pour que les deux populations se pénètrent, il faut des conditions qui n'existent pas aujourd'hui.

Permettre les transactions dans l'état où la conquête a trouvé la propriété indigène, c'est ouvrir la porte à tous les dols, et donner naissance à des procès incessants et sans issue. Aussi a-t-on dû les interdire jusqu'à l'établissement d'un ordre nouveau. Hâte-t-on autant qu'on le pourrait cette fixation de la propriété, objet d'un sénatus-consulte célèbre ? Je n'en crois rien et je tiens pour certain qu'il serait possible et très-nécessaire d'accélérer considérablement cette opération. Il y a là, pour donner une base certaine à cette propriété, dont je voudrais pourtant enseigner le respect, un véritable coup d'État administratif à faire : je le regrette, mais il est inévitable, et il faudrait qu'il fût très-promptement achevé ; quel serait, pour cela, le moyen pratique à employer ? Je vais tâcher de l'indiquer.

Ce n'est pas la première fois qu'on fait, en Algérie, des délimitations de terrain. Comment agissait-on quand il y avait litige, entre des tribus, sur leurs limites ?

Le commandant supérieur ou son délégué se rendait sur le terrain et y convoquait les représentants autorisés de la tribu. Chacun énonçait sa prétention et exposait ses titres, les témoignages écrits ou verbaux en sa faveur. Avec quels cris, quelle animation, quelles protestations, Dieu le sait ! Après avoir tout écouté, le commandant décidait que la limite suivrait tel ruisseau, ou irait de tel arbre à tel rocher : il faisait enregistrer la décision par les cadis, avec les noms des témoins, et gardait copie de l'instrument ainsi établi. — L'animation tombait avec les plaidoiries, et le jugement était accepté par les plaideurs avec une résignation sincère : cette résignation est habituelle ; on comprend qu'ils n'ont pas toujours eu des gouvernants cherchant, de bonne foi, la vérité et la justice ; et cette bonne foi, ils y croient chez nous.

C'est quelque chose d'analogue que je voudrais pour l'exécution du sénatus-consulte à tous les degrés.

Certes, il serait désirable que l'établissement cadastral complet précédât ou accompagnât la fixation de la propriété ; mais ce n'est pas là une nécessité absolue ; je n'ai pas besoin d'insister sur les différences qui ont existé et existent encore en France entre les différents plans terriers et la réalité. Pour les savants juriconsultes qui se sont occupés des moyens de délimitation des territoires et des héritages, l'un des plus convenables résulte des témoignages oraux que je propose d'employer exclusivement, en Algérie, pour asseoir les titres nouveaux : les géomètres suivraient et fixeraient sur leurs cartes les limites écrites d'abord dans les titres.

Ainsi des commissions présidées par des fonctionnaires élevés, et, si l'on veut même, par des sénateurs, des députés ou des conseillers d'État, se partageraient le territoire à délimiter; chacune d'elles fonctionnerait sur place; elle serait nantie de registres et de titres détachés portant imprimé : « Au nom du peuple français, Napoléon III, etc., déclare que la propriété ci-après désignée appartient à... » Une colonne serait consacrée à l'indication des limites; une autre aux noms des témoins, une autre à l'énonciation des titres, une autre à la nature de la propriété invoquée par le réclamant, propriétaire ou fermier emphytéotique, ou occupant actuel, — sauf les droits des tiers; on ne serait pas difficile sur les prétentions des travailleurs, et on leur sacrifierait sans hésiter celles de l'État qui seraient incomplètes ou litigieuses.

L'extension du domaine de l'État au delà d'une proportion très-restreinte du domaine général est funeste à toutes les transactions, au bon aménagement des terres, et par conséquent au fisc lui-même. Il ne faut garder tous les droits de l'État que sur les forêts et les eaux, tout en respectant les usages exercés de tout temps par la population et tâchant de lui en laisser l'équivalent[1].

En agissant ainsi, vous devez pouvoir, en peu de mois, ou, au plus, en très-peu d'années, avoir attribué *à chaque terre un seigneur*. Ce seigneur

---

[1] Le jugement prononcé sur place serait définitif et les revendications ne pourraient plus donner lieu qu'à des compensations en argent.

pourra être collectif; mais vous pourrez donner à la commune indigène, tribu ou douar, selon le cas, la faculté d'aliéner une part de ce domaine collectif : ce n'est plus que le fait de règlements administratifs pour assurer, autant que possible, la sécurité des transactions. On pourra, par exemple, recommander aux indigènes traitant avec des Européens de n'accepter que de l'argent comptant ou du papier garanti par la Banque algérienne, qui trouverait là l'emploi de ses capitaux et de ses relations.

Voilà donc toute la terre algérienne mise dans la circulation. L'Européen peut partout et sans formalités administratives devenir propriétaire, et il ne le sera plus par voie de concession entraînant des conditions fâcheuses à sa liberté, et, à coup sûr, des relations difficiles avec les expropriés qui en jouissaient avant lui; il sera accepté, protégé, aidé par le douar qui lui aura vendu, ou dont un membre lui aura vendu sa terre, et qui apprendra promptement à tirer parti des lumières et des relations de son nouveau citoyen. — Il sera, en tous cas, en meilleure situation qu'un Français qui s'établit à la Plata ou au Mexique.

L'autorité française, en effet, ne pourra pas, de longtemps, abandonner ses nationaux à la justice locale. Il y a là une autre difficulté de la pénétration réciproque des deux races, sur laquelle il est bon de s'arrêter encore.

On ne pouvait pas, après la conquête, compter sur l'impartialité du juge indigène quand il aurait à décider entre un compatriote et le compatriote des conquérants, et son esprit de justice, nous l'avons dit, ne le garantissait pas contre ses préjugés et ses ressentiments nationaux.

Qu'a-t-on fait ? On s'est souvenu d'un droit rappelé en beaux termes dans le plaidoyer de Cicéron contre Verrès. Nos souvenirs classiques avaient laissé une grande valeur à ce titre de *civis romanus* invoqué par le grand orateur romain. On résolut de transporter aux Français en Algérie, en le précisant et l'étendant, le privilége du *civis romanus*, et l'on décida que le Français, même en territoire indigène, ne serait justiciable que du juge français le plus voisin : toute instruction même échappe au juge indigène.

Vous comprenez bien : un Français se trouve, à un titre quelconque, en territoire arabe ou kabyle. S'il offense un homme du pays, celui-ci devra s'aller plaindre, à quinze lieues de là peut-être, au juge français, lui ramener ses témoins et s'en rapporter à sa justice. Or, les témoins indigènes se déplacent peu ; c'est au marché que, jusqu'à présent, le plaignant, rencontrant son offenseur, le saisit par son bernous, en criant à haute voix (la vraie clameur de haro), appelant ses témoins, invoquant le cadi toujours présent ou suppléé. Tout le personnel du procès se réunit devant le tertre où siége le cadi : témoignages, plaidoiries, sentence, punition même, tout tient dans la séance ; tout est fini avant le marché.

Assujettir à nos formes de procédure les gens qui ont de telles habitudes, c'est, tout simplement, leur dénier la justice. On renonce une fois, deux fois, à faire valoir son droit ; puis vient un jour où l'on en appelle à son fusil.

Il y a là, on le comprend, un obstacle à la pénétration des races. La juridiction française est absolue et s'exerce sur tous dans son territoire. On ne peut pas donner les mêmes droits au juge indigène : son code n'est pas le nôtre ; les pénalités de la loi arabe ou kabyle sont à la fois pécuniaires et corporelles, et la détention n'y est ni comprise, ni possible. Pourtant il faut que le crime ou délit commis par le Français ne reste pas impuni, qu'un litige civil même puisse être au moins jugé en première instance sur place, dans le lieu du fait ou du bien disputé. Les jurisconsultes et les hommes d'État jugeront du degré où doit s'arrêter la juridiction indigène, en attendant l'assimilation complète : on aura, soit une instruction sur laquelle le juge français statuera, soit un jugement du cadi avec transformation des peines édictées, soit des réunions de cadis présidées, à époques fixes, par un homme de loi français.

Cela fait, les Européens et les indigènes pouvant

vivre à côté les uns des autres, le devoir du gouvernement sera presque entièrement rempli; le temps fera le reste : au dire des Arabes les plus intelligents, il amènera promptement l'assimilation qu'on ne pourrait introduire aujourd'hui sans contrainte tyrannique, sans dangers graves.

En 1844, le duc d'Aumale essaya de porter atteinte à la féodalité qui tenait alors, surtout dans le sud, la province de Constantine. Le cheik du Belezma fut interné comme un raya de l'Inde, et cette grande province fut partagée entre quatre caïds, pris, pour plus de sûreté, parmi les marabouts de grande naissance. — (Le cheik était laïque, comme toute l'aristocratie de l'est.)

Les choses allèrent à peu près bien et l'autorité française fut plus complète tant qu'aucune complication politique ne se manifesta. Aux approches du soulèvement de Zaatcha, nos quatre caïds furent assassinés ou se réfugièrent dans le camp français : nous avions pu en faire des fonctionnaires; nous n'avions pas pu leur donner l'*autorité* : l'autorité ne se départit pas à l'heure du maître et à sa volonté.

S'il arrivait qu'une tribu, se trouvant bien du règne de son caïd ou de son cheik, voulût le garder, laissons-le-lui : plus intelligent et mieux instruit que les siens, il nous garantira de ces soulèvements qu'ont produits ou entretenus si souvent des espérances ou des aspirations insensées ; l'ôter d'ailleurs, contre la volonté de son peuple et contre son droit ancien, c'est un acte de la force, ce doit en paraître un abus.

Mais ne croyez pas que rien subsiste, après quelques générations, en dehors de notre état social et politique si nous restons justes et bienfaisants. C'est affaire de patience, et de patience même assez courte.

« Il y a, disait au général Bedeau un grand de la province de Bone, il y a un mouvement qui vous échappe et nous frappe vivement : c'est que le peuple nous quitte et va à vous. — C'est justice, ajoutait-il mélancoliquement. Pour vous, le droit, c'est la justice ; — chez nous, c'est la force. »

« Nous resterons ce que nous sommes, disait encore un caïd des Zibans ; mais nos fils seront chrétiens. »

Attaquons enfin, pour terminer cette rapide étude, l'une des questions les plus ardemment controversées de notre temps. — S'il est vrai qu'on ne doive pas immédiatement modifier le régime du gouvernement des Arabes ; s'il est vrai même qu'il n'y ait ni libéralisme, ni générosité, ni intérêt national à le modifier par voie de contrainte, dans l'avenir, faut-il changer le personnel qui l'applique, et chercher dorénavant ce personnel dans l'ordre civil ?

On a pu comprendre, d'après ce qui précède, que

les fonctions de nos bureaux arabes et de nos commandants de cercle ne sont pas essentiellement militaires. Si, pendant longtemps, la police armée a constitué leur principale fonction, il n'en est plus de même aujourd'hui, et un fonctionnaire civil n'aurait pas à requérir tous les jours le chef de la force armée de monter à cheval pour réprimer une révolte ou empêcher un conflit. Quand il en était ainsi, on simplifiait fort l'action du pouvoir et on la rendait bien plus efficace, en en confiant l'exercice à ce chef même de la force armée.

Il reste, cependant, de bonnes raisons pour que la plupart de nos agents soient militaires. Il s'agit de trouver une centaine de fonctionnaires instruits, actifs, connaissant le pays, animés de bonnes intentions ; il s'agit de leur imposer une besogne qui n'a point d'analogue en France et qui exige une éducation spéciale ; il s'agit de les mettre à l'épreuve et de les remplacer aisément s'ils ne remplissent pas des conditions pour lesquelles on n'a pu, d'avance, mesurer exactement leur aptitude. — L'armée fournit tout cela : sans compromettre leur carrière, les officiers peuvent entrer dans les bureaux arabes et les quitter dans le cas où ce genre d'occupations ne convient pas à leurs goûts ou à leurs aptitudes. Le recrutement s'en fait avec de grandes précautions, et bien peu, parmi les élus, ont donné lieu à des plaintes graves et fondées. Ils exercent un grand pouvoir, que la confiance des populations a souvent étendu encore bien au delà de leurs attributions légales. Quelques-uns en ont été enivrés. L'immense majorité l'a exercé dans un esprit constant de justice et de bienveillance. On n'en douterait pas, si l'on réfléchissait à tout ce qu'il a fallu de tact et de mesure pour maintenir habituellement une paix complète dans une population si différente de nous et la rapprocher continuellement de conquérants qui veulent n'être que des concitoyens.

La surveillance hiérarchique, seule garantie des sujets en l'absence des appels à l'opinion publique, est facile et complète dans l'organisation actuelle. Les commandants de cercles, de subdivisions, de divisions, exercent le pouvoir supérieur et contrôlent leurs subordonnés en vertu non-seulement de leurs fonctions, mais de la supériorité du grade. Tous ressortissent au gouverneur général, qui doit être nécessairement un des premiers de l'armée par le grade, un des plus respectés par le caractère.

D'autre part, et en ce qui concerne le gouverneur général, ces conditions absolues restreignent les choix, et il peut être quelquefois nécessaire ou très-utile de le prendre en dehors de l'armée.

En résumé :

1° Le régime civil en Algérie pourrait et devrait peut-être devenir plus libéral et offrir l'application de cette théorie de décentralisation qui semble prévaloir dans la mère patrie ; elle serait bien plus utile et bien plus facile à appliquer là où les intérêts sont bien plus localisés, où les populations sont rares et les communications difficiles. Les communes seraient presque souveraines, le pouvoir central conservant seulement la justice supérieure, la haute police, le *veto* administratif (1).

2° En territoire indigène, on s'efforcerait de faire pénétrer les Français en préparant leur installation par la fixation de la propriété arabe. On hâterait l'application du sénatus-consulte, et l'État, renonçant absolument à coloniser directement, à prendre de la terre pour la vendre ou la donner, livrerait à la liberté absolue les transmissions de propriété.

3° On suivrait avec une sollicitude extrême l'établissement d'un régime judiciaire satisfaisant en pays indigène. L'éducation spéciale des cadis, et une organisation analogue à celle des juges de paix et des cours de circuit d'Angleterre, permettraient de renvoyer les conseils de guerre à leur juridiction exclusivement militaire.

4° Le recrutement, parmi les officiers exclusivement, des agents du gouvernement français en pays

---

[1] Les communes, notamment, seraient mises en possession des propriétés domaniales situées sur leur territoire, avec faculté d'en disposer.

indigène, offre des avantages très-importants ; mais il n'est pas indispensable, et, dans l'état de l'opinion, il peut être utile d'introduire des fonctionnaires civils dans cette hiérarchie.

5° On en peut dire autant même pour le gouvernement général.

Paris, 24 janvier 1870.

FIN.

TABLE DES CHAPITRES

Dédicace. 1

L'ALGÉRIE EN 1840-1848.

CHAPITRE Ier. — Alger. — Départ pour Coléa. 5
— II. — Reprise des hostilités. 14
— III. — Expédition de Cherchell. 33
— IV. — Retour au camp. — Expédition de Médéa. 46
— V. — Expédition de Médéa (suite). 52
— VI. — Attaque du col. — Ambulance de Mouzaïa. 64
— VII. — Prise de Médéa. 76
— VIII. — Retour de Médéa. — Retraite du 20 mai. 83
— IX. — Départ des Princes. — Expédition de Miliana. 97
— X. — Prise de Miliana. 104
— XI. — Retour à Blida. 109
— XII. — Ravitaillement de Miliana. 117

VOYAGE AUX ZIBANS.

PRÉAMBULE. 135
CHAPITRE Ier. — Motifs du voyage. 138
— II. — De Constantine à Batna. 139
— III. — De Batna à Biskara. 147
— IV. — Le Sahara. 150

OBSERVATIONS sur le gouvernement de l'Algérie. . . . 223

FIN DE LA TABLE DES CHAPITRES.

EN VENTE A LA MÊME LIBRAIRIE

Précis de la Guerre franco-allemande, par le colonel H. FABRE-
MASSIAS. Ouvrage renfermant 13 cartes stratégiques. Un volume in-18 jésus. Prix. . . . . 4 fr.

Les Anglais et l'Inde, par M. DE VALBEZEN, ancien consul
général à Calcutta, ministre plénipotentiaire.
Premières Études. Un volume in-8°. . . . . 7 fr. 50
Nouvelles Études. 2 vol. in-8°, accompagnés de 4 cartes. 15 fr.

Correspondance militaire de Napoléon I, extraite de la Correspondance générale, et publiée par ordre du ministre de la
guerre. Six volumes in-18 jésus. Les quatre premiers sont en
vente. Prix de chaque volume. . . . . 3 fr.

Voyage autour de ma tente (souvenirs militaires), par M. S-
TAVAUX T. L., officier d'état-major. Dessins de Laballe, capitaine d'état-major. Un joli volume in-18 jésus. Prix. . 4 fr.

Légendes militaires : — I. Je suis du régiment de Champagne,
II. Auvergne et Piémont; — par M. A. FRÉVÉE. Un joli volume
in-18. Prix. . . . . 3 fr. 50

Le Sergent d'Armagnac, le Ressuscité, par M. A. FRÉVÉE. Un
joli volume in-18 jésus. Prix. . . . . 3 fr. 50

Les Soirées fantastiques de l'artilleur Baruch, par A. SALIÈRES,
ancien officier. Un volume in-18. . . . . 3 fr 50

Souvenirs d'un prisonnier d'Abd-el-Kader, par Hippolyte
LANGLOIS. Ouvrage illustré de 19 dessins hors texte. Un volume
petit in-8° anglais. Prix. . . . . 3 fr.

**Bordj-Bou-Arréridj pendant l'insurrection de 1871 en
Algérie**, journal d'un officier, par le commandant DU CHEYRON,
du 8e hussards. Un joli volume in-18. Prix. . . . . . 4 fr.

Le Brigandage en Italie, depuis les temps les plus reculés
jusqu'à nos jours, par Armand DUBARRY. Un joli volume
in-18 jésus. Prix. 3 fr. 50

La Vie aux États-Unis, notes de voyage, par Xavier EYMA.
Un volume in-18 jésus. Prix. . . . . 3 fr. 50

Stofflet et la Vendée, par Edmond STOFFLET. Un volume in-18,
avec carte. Prix. . . . . 4 fr.

www.ingramcontent.com/pod-product-compliance
Lightning Source LLC
Chambersburg PA
CBHW060126170426
43198CB00010B/1051